瑜伽經
白話講解
三摩地篇

印度瑜伽大師斯瓦米韋達親授，帶領誦讀

斯瓦米韋達・帕若堤（Swami Veda Bharati）／著　石宏／譯

譯者謹以此書獻給

翻譯本書期間，譯者先後痛失的

心靈慈母　斯瓦米韋達

以及

生育此身慈母　石陳氏

目次

《瑜伽經》第一篇「三摩地篇」綱目

譯按：以下的綱目是譯自作者的《瑜伽經釋論》一書，對於讀者理解經文的結構和爬梳經文條理極有幫助。綱目中的數字是對應《瑜伽經》的經句，我們特別加入梵文經句的原文，其下則爲威亞薩所寫的釋論綱要，但並非經句的對照翻譯。在本書中，斯瓦米韋達只是非常簡略地講解了威亞薩的釋論，但是譯者還是把綱目全文翻譯出來。本書所沒有觸及的釋論，還請讀者自行閱讀斯瓦米韋達的原書。特此說明。

三摩地篇

陳明意旨

I.1 atha yogānuśhāsanam　40

開始教導瑜伽

瑜伽即是三摩地

心地的五種層次境地

三摩地的成效

兩種層次的三摩地

定義

心地、心念及攝控

方法手段

便捷法門

障礙及伴隨障礙

I.30 vyādhi-styāna-saṁśhaya-pramādālasyāvirati-bhrāntidarśhanālabdha-bhūmikatvānavasthitatvāni chitta-vikṣhepās te'ntarāyāḥ 180

九種障礙（antarāyas）或九種干擾（vikṣhepas）

九種障礙的定義

I.31 duḥkha-daurmanasyāṅgamejayatva-śhvāsa-praśhvāsā vikṣhepa-saha-bhuvaḥ 183

五種伴隨障礙

五種伴隨的定義

不會起於已經到達三摩地之心地中

克服障礙：淨化以及穩固心地的方法

I.32 tat-pratiṣhedhārtham eka-tattvābhyāsaḥ 188

修練一真諦以克服障礙

駁斥心只是剎那存在的觀點

建立心乃一個連續體有多重對象

I.33 maitrī-karuṇā-muditopekṣhāṇaṁ sukha-duḥkha-puṇyāpuṇya-viṣhayāṇaṁ bhāvanātaśh chitta-prasādanam 191

心的四個淨化

闡釋是哪四個

心因而變得清明而愉悅

I.39 yathābhimata-dhyānād vā 208

隨喜選擇心所專注對象

心專注於自己所屬意的對象，因而養成穩定的習慣

I.40 paramāṇu-parama-mahattvānto'sya vaśhīkāraḥ 211

對極精微者以及極巨大者的控制能力（vaśhīkāra）

心地此後無庸再淨化

各種三摩鉢地：融合與三摩地

I.41 kṣhīṇa-vṛitter abhijātasyeva maṇer grahītṛi-grahaṇa-grāhyeṣhu tat-stha-tad-añjanatā samāpattiḥ 216

三摩鉢地的定義

以物像在水晶中映現，比喻心地與所執取對象（grāhya）、執取（grahaṇa）、能執取者（grahītṛ）之融合

I.42 tatra śhabdārtha-jñāna-vikalpaiḥ saṅkīrṇā sa-vitarkā samāpattiḥ 218

有尋（vitarka）三摩地

字、對象、認知混淆不分

在此低層次的三摩地，它們是會更換（別想）

I.43 smṛiti-pariśhuddhau svarūpa-śhūnyevārtha-mātra-nirbhāsā nir-vitarkā 221

無尋（nir-vitarka）三摩地

不再有前述的混淆和別想

心地完全與執取對象融合

一體認知，不會只取部分，即使微如原子亦然
對象如何有本質
駁斥部分構成之總體不存在觀點

I.44 etayaiva savichārā nirvichārā cha sūkṣhma-viṣhayā vyākhyātā 223
有伺（sa-vichāra）和無伺（nir-vichāra）三摩地
二者依是否伴隨時間、空間、因果而區別
停留於元素之精微面向以及精微之對象；是一體之體驗
悟到心似乎無有本質

I.45 sūkṣhma-viṣhayatvaṁ chāliṅga-paryavasānam 225
「精微」包括沒有任何徵象的原物（prakṛiti）
「精微」有種種程度；直到最精微的原物
難道神我（puruṣha）不是最精微的？

I.46 tā eva sa-bijaḥ samādhiḥ 227
含種三摩地
較低層次的三摩地仍然有專注的對象，也就是有心印種子留存

I.47 nirvichāra-vaiśhāradye'dhyātma-prasādaḥ 229
無伺三摩地功夫純熟
完全的淨化導致靈性的澄明
然後瑜伽士不再爲苦痛所磨，能對受苦的眾生慈悲

【譯者序】

《瑜伽經》不是聖經

《瑜伽經》不是宗教意義上的聖經，不是出自某一位神明或教主的口諭。它沒有告訴我們宇宙是怎麼形成的，也不回答我們究竟「生從哪裡來，死向何處去」這類的大問題。它沒有宣說誦念這本經可以有如何如何不可思議的功德，也不說這本經可以保護我們趨吉避凶，乃至完全不談該如何鍛鍊來保健身體。

那麼，《瑜伽經》究竟是一本什麼樣的「經」？

首先我們要了解，稱這部書爲「經」是中文的翻譯，它的全名是《帕坦迦利瑜伽經》(*Yoga-sūtras of Patañjali*)。「瑜伽」是一個通用的名詞，有種種不同的瑜伽修行方式，此地暫且不談瑜伽的定義這個大問題。《帕坦迦利瑜伽經》是廣義瑜伽的其中之一，作者是遠古的聖人帕坦迦利。但是一般認爲他是將瑜伽的修行法門「筆之成文」，並非發明瑜伽之人。他所宣揚的瑜伽被認爲是「王道瑜伽」，有如一頂大傘蓋，可以涵蓋眾多的瑜伽法門。

「經」這個字的梵文是sūtra ，本來是「線」、「繩」的意思。在佛教，佛陀所親口宣講而留下來的文字紀錄稱之爲sūtra。佛教傳入中國的時候，古人就把這個字翻譯爲「經」(也有譯音爲「修多羅」），既符合字面的意義，也和中國人一向把最受敬重的典籍稱爲「經」的傳統一致，可以說是非常貼切的譯法。可是在佛教以外的印度哲派裡，並不是所有的聖典都叫做「經」。例如被大多數印度人所奉爲聖經的一部書是《薄伽梵歌》（*Bhagavad Gītā*），是記錄神主克里希那（也就是薄伽梵）所宣講道理的典籍，其中每一段誦文的音節數目固定，可以用特別的韻調來朗誦，所以稱之爲「歌」。

《瑜伽經》是少數稱爲「經」的典籍。「經」的特點是文字極爲簡要，卻義理豐富。它文體不拘對仗音韻，但卻字字關鍵，眞正是到了「增一字則失之於繁，刪一字則失之於簡」的地步。每一句經文的字數不同，各有獨立的意涵，但又句句連貫而且條理分明。整本《瑜伽經》幾乎就是一部綱要之書，所以需要再加以闡釋說明，一般人才能讀得懂。《瑜伽經》的每一句話就稱爲一句「經」，而不是整本書稱爲一部經。這一點與中國古文「經」的概念不同，也和佛經的「經」不同。因此嚴格說來，《瑜伽經》其實是部「經集」（原文就是複數的sūtras），總共有一百九十六句經，分列爲四個篇章。

數論：《瑜伽經》的理論基礎

《瑜伽經》的理論基礎是印度古典哲學的「數論」（sāṅkhya，或譯音爲「僧佉耶」）。「數論」開宗明義就說，我們必須認清人生在世是受到種種苦痛所逼迫，一切帶給我們感官的樂趣，一切幫助我們維持身體健康的方法，乃至一切的拜神祭祀活動等等，都只能暫時減輕痛苦，無法根本滅絕痛苦的成因。而痛苦的根本原因，是我們把不是自己的認作是自己，緊緊抓著不放，所以產生了苦而不得解脫。一旦認清楚哪個才是眞正自己的本來，從而放掉不是自己的那些，就得解脫，才能永遠離苦得樂。

因此，數論哲學的根本目的是求解脫，是根本消滅苦痛。爲了要幫助我們認清楚什麼不是自己的本來，數論哲學說，我們的本我（puruṣha）是不生不滅、清淨無染的存在，它是有覺的。和這個本我相對的，是另外一類，是物質，叫做原物（prakṛiti），是無覺的（所以可以說古典的數論哲學是「二元」的）。可是這清淨無染、無生無滅、如如不動的本我，照理說應該是處於恆常的樂中，爲什麼會有苦痛？數論提出的解釋是，因爲原物位於本我之「近旁」（aupādhika），導致本我和原物的「近似結合」，而其實本我是不會和原物結合，也不會沾染到原物。可是這個近似結合卻導致原物衍生出一系列的變異，因而生起情識，進一步有了人我和宇宙山河大地。

約略言之，本來無覺的原物裡面演化出一個叫做「布提」（buddhi）的物質，它原本光潔如鏡。由於本我照在如鏡的「布提」內，使得「布提」似乎變得有覺，驀然以爲自己是那個本我，就有了個「我」（ahaṁkāra）的第一念。從這個「我」，又再演化出來能思想知覺動念的「意」（manas），以及叫做五「唯」（tan-mātras）的五種基本感覺因素（聽覺、觸覺、視覺、味覺、嗅覺）。從「意」又再演化出五種能感覺的功能叫做五「知根」（jñānendriyas，眼、耳、鼻、舌、身）、五種能作爲的功能叫做五「作根」（karmendriyas，手攫取、足移動、口言語、生殖、大小排泄）。五知根和五作根再加上意根，一共成爲十一「根」（indriyas）。五「唯」又再演化出五種物質元素，叫做五「大種」（māhā-bhūtas，地、水、火、風、空）。

演化到這裡，就到了盡頭。從原本抽象精妙無形的原物，一步步變成粗大而有形的物。所以，這個演化實際上是退化，而不是進化。總結這個演化變異的過程，從源頭的原物到最末端具體的五大種，共有二十四類。我們的身體、感覺、知覺、情緒、意志、思想、記憶、意識（或者說佛家所謂的色、受、想、行、識五蘊）統統都包括在內，都是屬於數論所定義的「物」，以及「物」的作用。即使在宇宙的層面而言，一切星系、一切天界（縱然是天人、神明也不免），都還不究竟，也都屬於「物」，都不是我們本來的那個本我。

《瑜伽經》開場了

到這裡，《瑜伽經》登場。帕坦迦利說，我們假設你已經讀過數論，也能接受數論關於「苦」以及「滅苦」的觀點。所以《瑜伽經》劈頭第一句經就是：

> **現在，不要再空談理論，我們直接開始傳授如何習練瑜伽的方法（I.1 ❶）。**

所以《瑜伽經》的內容是講實際修行，是一種「行法」。用現代的術語來講，《瑜伽經》是一本修行的「手冊」，好讓我們能夠按部就班跟著去實修。

這裡面有個很嚴肅的前提，就是首先必須要有正確的知見，要知道學習《瑜伽經》所爲何事，是爲什麼目的而學。凡是求健康、求感官之樂、求神通，都落入了六十二種錯誤的知見，《瑜伽經》稱之爲「顛倒」（I.8），數論更稱之爲六十二地獄。縱然修到「無身」的地步成爲天人，乃至歷經十萬次天地生滅循環的劫數之後，天人終究還是會跌回人世重拾人身（I.19）。論者甚至不認可修到這種境地的人爲瑜伽士。

第二句經，帕坦迦利接著告訴我們，依他的定義：

> **瑜伽就是心念的調控，能徹底控制心念，就能得三摩地（I.2）。**

一言以蔽之，他所教導的瑜伽只是在練心而已。練身體、練呼吸都是枝微末節。能把心念訓練到絕對的專一，那種「定」叫做「三摩地」，但仍然還有那專一的一念存在，只能算是初級的「有智三摩地」（samprajñāta-samādhi），不是究竟。功夫再進一步，到了所有心念都止息了，連那個專一的心念都放下了，此時才能算是證悟了本我，入到了「非智三摩地」（asamprajñāta-samādhi）。

到了這個地步，就是第三句經：

那個觀者就不再被外物所惑，能完全沉浸於自己的本性中，就能得解脫自在（I.3）。

帕坦迦利不用本我、神我、梵這類的字眼來表達我們的本來，他就稱它為「觀者」（drașhțŗi），是它在看著我們的生老病死、喜怒哀樂，但是它從不參與其中。對於「觀者」而言，這些生滅起伏都是那個原物在自導自演，都是心在作怪。一旦心念止息了，就只剩下「觀者」，借用佛經的話是「狂心頓歇，歇即菩提」。此時觀者「獨存」（kaivalya），是「靈光獨耀」，也就是《瑜伽經》第四篇所談的最終境地。

倘若做不到這個地步，就是第四句經：

否則，就仍然迷戀於心念的起伏，陷入其中受苦而不能自拔（I.4）。

這就是我們還沒開悟的眾生的境地。一個絕佳的比喻是看電影❷。銀幕中的人物栩栩如生，有悲歡離合，有各自的命運。銀幕中主角的遭遇儘管在電影的故事中是眞實的，但並不是看電影之人的遭遇。沒有開悟的人，就是沒法把電影中人物的處境和自己區別開來。

《瑜伽經》接下來一一解釋什麼是它所謂的心念、心的種種作用（I.5–11）。基本上，心的作用可以分為五大類：

● **證量**：是證明量度的意思，就是正確的知見，可以做爲憑證，可以依據的。又分爲三種：

1. 由感官直接認知而來（知量）
2. 由邏輯推理推論而來（比量）
3. 由經書所記載聖人的言語而來（聖言量）

● **顛倒**：是錯誤的知見，雖然理論上存在，但是可以被正確的知見反證而推翻。

● **夢想**：是妄想，如兔子的角，只存在於言語文字中，實際上是不存在的。

● **睡眠**❸

● **記憶**

那麼，我們該怎麼去控制這些心念？帕坦迦利說，要讓心念受控，不出「修練」（主要是習練禪定靜坐）和「捨」（無所執著）兩個法門（I.12–16）。此地帕坦迦利並沒有詳細指出修什麼，但是這一篇既然是三摩地篇，所以應該是以靜坐的修練功夫爲主要手段。❹

《瑜伽經》第一篇此後從第十七句經開始，一直到最後的第五十一句經，基本上都是在說明什麼是三摩地、修習三摩地的方法、三摩地的障礙，以及如何克服障礙讓心念得止。

編譯本書的因緣

斯瓦米韋達回憶他當年第一次爲人講解《瑜伽經》時，只有九歲。其後幾十年間宣講《瑜伽經》不知幾多回，覺得見解成熟了，於是開始把自己的心得寫出來。一九八六年，他五十三歲，出版了英文版的《帕坦迦利瑜伽經第一篇釋論》，全書厚達五百頁，是以詮釋《瑜伽經》最權威的威亞薩所寫的注疏爲主要依據，此外還旁徵博引了古代所有註釋名家的見解，並且一一加以對比評述。光是他列出的「參考書目」就多達八頁。至於「詞彙索引」的部分更是長達五十八頁，儼然是一部《瑜伽經》梵文術語的小辭書！

他的上師斯瓦米拉瑪在爲該書第一版寫序的時候，說道：

> 烏夏部艾瑞亞博士（斯瓦米韋達出家前的本名）以非常學術性的手法寫了一本《瑜伽經》釋論，對於古代註釋有興趣的研究學者以及學生，無疑將因此而受惠良多。艾瑞亞博士既是學者，也是一位禪定有成的人士。本書對《瑜伽經》的註解和闡釋方式既清晰又高明，我還未見過能出其右者。

二〇〇一年，斯瓦米韋達出版了《帕坦迦利瑜伽經第二篇釋論》，全書共八六〇頁，延續了《第一篇釋論》嚴謹的體例。與此同時，他已經著手改寫十五年前出版的《第一篇釋論》，因爲他收集到新的材料，也有了些新的體會。他幽默地說：「這一回我想自己大概才算是眞懂了。」二〇一四年底，新版的《第一篇釋論》出書，內容比舊版增加了一半，變成了一部八三〇頁的巨著。而《瑜伽經第三篇釋論》也完成寫作，進入了校稿階段。此時斯瓦米韋達已經八十一歲，健康情況日益惡化，警訊連連。他仍然拖著極度衰弱的身體，開始寫作《瑜伽經》最後第四篇的釋論。可惜這個心願無法完成。二〇一五年七月，斯瓦米韋達捨棄了肉身。

《瑜伽經釋論》是斯瓦米韋達生前最著重、用力最深的著作，無疑是認眞研究《瑜伽經》之人所必備。但是由於全書廣徵博引諸家之言，加上他對經文任何一字都不輕易放過的謹愼態度，短短三、五個字所構成的一句經文，他解釋起來往往會用上三、五十頁的篇幅，令一般讀者只有望而興嘆。若要把這套書翻譯成別的文字，勢必不是件容易的事，而且是否會被「市場」接受也不無疑問。筆者曾經向斯瓦米韋達表達了這些顧慮，他也有所感嘆，只說，這套書也許需要組織一個團隊，以機構之力來從事翻譯比較合適。

不過，斯瓦米韋達年幼即能教授《瑜伽經》，其後畢生治《瑜伽經》，實修實證，集修行者、學者、出家人於一身，這樣的人物已經十分罕有。更難得的是，他秉承了喜馬拉雅瑜伽傳承，得到傳奇人物大師斯瓦米拉瑪之加持，成爲大師的傳法弟子。所以，如果不能夠早日將他的教導介紹給中文讀者，畢竟是件憾事。❺

二〇一五年六月，筆者不經意翻找出一片斯瓦米韋達講解《瑜伽經》

第一篇的錄音檔，是他於二〇〇六年在印度學院內爲初級班的學生授課留下的紀錄。他說，這只能算是小學三年級程度的《瑜伽經》入門課。筆者反覆聽了幾遍，靈機一動，這豈不正是回答了心中那個懸念？更精彩的是，斯瓦米韋達在講課時，逐字逐句帶領學生以梵文誦念經文的部分都錄了下來，因此就把誦讀經文的錄音抽出來製作成音檔。印度傳統上學習任何經典，都是由聽聞朗讀開始，然後才是閱讀，因爲音聲的效應大過文字。我們縱然不懂梵文，可是如果能聽聞原音，尤其是大師的語音，自己試著跟著發音，就會覺得經句的文字多了一份生命力，對經文就會有另一個次元的體驗。這是個很微妙的經驗，讀者一試便知。

因此，本書不是斯瓦米韋達所著《瑜伽經釋論》巨著的翻譯，而是取材自他二〇〇六年授課的錄音，再加以編輯整理翻譯成中文，只能算是個簡明版的《瑜伽經》述要。

前面提到過，《瑜伽經》屬於「事」門，是應用的學問，它所依據的「理」門，理論的部分來自數論哲學。斯瓦米韋達一再強調，如果不先了解數論哲學，就不容易學習《瑜伽經》。所以，筆者特別摘要翻譯了斯瓦米韋達的「數論哲學略講」授課紀錄（講課年代不詳），置於本書附錄。

本書《瑜伽經》正文部分的編排完全遵循原經次序，並且依慣例附上經句的號數。每句經文開頭爲以羅馬字母根據「國際標準梵文注音」

（I.A.S.T.）顯示的梵文經句原文，接著是中文的直譯，以及經句的逐字釋義❻。由於經句的原文極其精簡，所以最後再將經句中被省略的文字填入後，重新用中文把經句表述一次。

在斯瓦米韋達的講解部分，某些名詞術語會出現重複引用梵文原文的情形，這並非是編輯不夠嚴謹，而往往是因爲斯瓦米韋達在講課時直接使用梵文名詞，或者是他同時用了英文的翻譯以及梵文原文。爲了加深讀者對這些名詞的印象，筆者也就重複引用。還有一個原因是，書中名詞的中譯對筆者是個極大的考驗，筆者的譯法可能大有商榷餘地，只有多多保留原文以便方家檢視，省卻前後翻找之苦。

本書的編譯法是一次嘗試之作，如果於讀者學習《瑜伽經》尚有助益，是譯者之幸，不負斯瓦米韋達所遺教誨。若有任何謬誤，自然盡是筆者之疏失。

譯註：

❶這是通用的經文號數的表達方式，以羅馬數字代表篇章，其後的阿拉伯數字代表經句號數。I.1就代表第一篇第一經。此處所表達的是經句的大意，而非直譯。

❷請參閱印度聖哲拉馬納的《走入靜默，如你本來》（橡實文化出版）。

❸有意思的是，睡眠也被歸類為一種心念作用。既然是心念，所以睡眠當然是需要受控的。控制睡眠不只是要控制睡眠的時間。當然，瑜伽大師在身體健康的情況下所需要的睡眠時間不多，根據斯瓦米拉瑪的說法，三個半小時已經足夠。控制睡眠的重點應該是在控制睡眠時的心念，保持覺知，所以大師可以決定休息小睡片刻，例如十五分鐘，時間一到不用人叫也不用鬧鐘就自然醒過來。睡眠不只是休息而已，它既是個修行的時機，本身也是一種修行的方法。在瑜伽體系中就有一種「瑜伽睡眠法」，不過那是另一個題目，不屬於《瑜伽經》的內容。

❹《瑜伽經》共分為四篇，詳細的修行功夫步驟是列在第二篇（篇名就是「修行篇」），是為了方便中根和鈍根的人能有所依循。第一篇則主要是給利根人的指引。因此之故，斯瓦米拉瑪說，眾生絕大多數都是中根和鈍根，所以古時候的老師在教導《瑜伽經》時，往往在講完第一篇前四句經的「通論」之後，就直接跳到第二篇開講。

❺喜馬拉雅瑜伽講求實修，斯瓦米韋達說，唯有經過實證而來的知識才是真知，否則只是空談理論。他說，如果沒有自己親自實證過的，就不會拿出來示人。《瑜伽經》既然是一部修行的寶典，其中幽深的義理也只有過來人才能明白。例如，斯瓦米韋達在《第二篇釋論》關於呼吸「住氣」的部分，就指出某些論者可能沒有實證到那個地步，因此所做的解釋未必能讓人信服。

❻本書僅以羅馬字母拼音顯示梵文，沒有附「天城體」的梵文，請讀者見諒。

開經吉祥頌

爲了表達對《瑜伽經》作者帕坦迦利的歸敬之意，傳統上爲這部經撰寫註解的人，都會先引用一段「開經吉祥頌」（maṅgalācharaṇam）。在上課學習《瑜伽經》時，師生也會先一起唱誦吉祥頌才開始講課。下面所引述的是最常見的吉祥頌文，原作者是誰已不可考：

yogena chittasya padena vāchāṁ,
malaṁ śharīrasya cha vaidyakena;
yo'pākarot taṁ pravaraṁ munīnāṁ,
patañjaliṁ prāñjalir ānato'smi

唯彼至聖，帕坦迦利
瑜伽淨心，文法淨語
醫書淨身，合十稽首

大意是：

我合十稽首，歸敬聖者中之聖者，帕坦迦利，感戴他傳授瑜伽洗淨我們心地的污垢，傳授文法洗淨我們言語的污垢，著述醫書洗淨我們身體的污垢。

前言

《瑜伽經》（*Yoga-sūtras*）的作者是帕坦迦利（Patañjali）。根據印度「神話」（我們所謂神話並不是荒誕不經的故事，而是把深奧的哲學眞理用寓言方式說出來），護持世界的天神韋紐天（Viṣhṇu）在世界每一劫循環到了將要崩壞的時候，就將整個宇宙收攝到自己身上，然後睡在一條盤曲在牛乳般海洋上面的靈蛇身上。牛乳跟西方世界所說的Milky Way（中國說是「銀河」）概念近似。

這條永恆靈蛇的梵文名字叫做蛇煞（śheṣha），意思是剩餘、餘留。傳說中，帕坦迦利就是這條蛇煞所轉世，而據說帕坦迦利在命終時被一條巨蟒吞入腹中。我們以爲，最偉大的瑜伽老師不是別的，正是那叫做昆達里尼（kundalinī）的永恆靈蛇。當意識中所有物質的成分都消失融化了，唯一所剩餘的，就是這條靈蛇。

《瑜伽經》這種「經」（sūtras），是非常獨特的文體風格，西方人把sūtra翻譯成aphorism（箴言）。可是，箴言是讀了聽了就可以懂的，而經更像是咒語，深奧難以理解，需要經過闡釋才能懂。有些西方學者認爲「經」的文句之所以簡練完全是爲了方便傳誦、記憶的緣故，所以才刻意簡短。這個觀點並不周全。經，是智者在三摩地境界所悟到的眞理，然後把所悟到的簡潔字語忠實地表達出來。方便記憶，並不是主要的目的。

《瑜伽經》是依照學生的程度，而把瑜伽之學加以分段。經文第一篇的第二十一句經和二十二句經說，修行人因程度不同而有分別。簡單地說，帕坦迦利是在回答一個問題：「終極證悟需要用上多少時間？」經文說要依精進的程度而定，如果非常勇猛精進，那就不遠，就在眼前，很容易，也很快（第二十一句經）。但即使是精進的修行人，還是可以區分為慢、中、快三等（第二十二句經）。用這個標準來分段，《瑜伽經》第二篇的第二十八到第五十五句經適用於鈍根人，也就是初學者、剛開始修行的人。第二篇的第一句到第二十七句經，則是適用於中根人、中等程度的學生。《瑜伽經》第一篇則是適用於利根人，能夠非常快速精進的人。而第三篇的第一到第九句經，則又是適用於初學者中程度較高的人。

根據印度科判經文的傳統，論述任何主題的經文一定要具備下列四個部分才算完整：

- **定義**（lakṣhaṇa）：像貌、事相
- **段類**（bheda）：斷定這學問的種種分類和分段
- **行法**（upāya）：要成就這學問、要得到成果，所採用的手段及方法
- **成果**（phala）：最終得到的果

以《瑜伽經》而言，瑜伽的定義是寫明在第一篇第二句經（瑜伽是

心地及心念之止息）。它主要的分類是「有智三摩地」（samprajñāta samādhi）和「非智三摩地」（asamprajñāta samādhi）。它的具體行法是被稱爲「八肢瑜伽」，即分爲八個步驟的功法，載於第二篇第二十八到第五十五句經，以及第三篇第一到第九句經。至於它所得到的果，則是載於第四篇的「獨耀❶」（kaivalya），即純然的本覺。

自古以來有許多大師爲《瑜伽經》寫過註釋，我們所依據的註釋，最主要的就是聖人威亞薩（Vyāsa）所寫的《論》（*bhāṣhya*）。古今所有大師爲《瑜伽經》所做的種種註解和闡述，其實都是在解釋、注疏威亞薩的《論》，都是在爲他的《論》再造論。

這次講解《瑜伽經》的對象是初級班的學生，我們不會深入解釋經文的細節部分，否則就沒有辦法在一定的篇幅內完成。如果你已經學習過《瑜伽經》，可能會覺得這裡所做的解說比較淺顯，那就不妨當作是複習好了。

我們學習任何一部經都是有方法的，初學者要從反覆朗讀這個步驟開始，而且每天都要安排時間去讀誦，一定要讀到純熟能夠背誦的地步才行。你可不要以爲自己花了一個月讀過《瑜伽經》就算懂了，絕非如此。我們這裡帶大家學習，只能算是朗讀這個步驟中的「初讀」而已。想要進一步探究《瑜伽經》，各位可以參考我寫的《帕坦迦利瑜伽經以及威亞薩之瑜伽經論——翻譯以及釋論❷》（以下簡稱《釋論》）。

瑜伽講實踐，有件事是絕不可免的，就是無私的奉獻服務（sevā）。而且你功夫越深，越是要爲更多的人服務奉獻。這就如同你擁有的藥物越多，你可以幫助的病患也越多。每個人服務奉獻的方式都不同，像我這樣的身體狀況是不可能拿起掃帚去掃地，所以我有適合我的服務方式。爲什麼我要在這裡爲大家講課，而不是去打坐？老實講，我寧可去打坐，卻偏偏要拖著老病之身來講課，因爲這是我必須要做的奉獻。

奉獻服務和修行是並行不悖的，乃至於是不可分的。我曾經問過我的上師斯瓦米拉瑪：「斯瓦米吉，印度俗話說，先替上師洗過十二年內衣褲，他才會傳個咒子給你。可是我好像卻不勞而獲，您從來不讓我替您做這些事情，連手帕都沒幫您洗過，也沒有親自服侍過您。」他說：「我的上師也從來沒叫我爲他做這些事情。你要服務？就去教學生。」

所以，你適合提供什麼樣的服務，就去做你能做的。世上沒有白吃的午餐這回事，連開悟也不是平白無故可以得到的。你一定要服務奉獻才更容易開悟。而你越是進步，你爲人服務的願力就越強，你服務眾生的本事也越強。如果你不爲人服務，你會去做什麼呢？你的時間和精力可能會用在看電視之類的事情上。你寧願在自己心地中留下這樣無聊的心印（saṁskāra）嗎？所以，你最好還是去從事一些較爲高尚的活動。如果你不願意服務奉獻，只顧自己去打坐，想一坐就坐上十四個小時，可是我告訴你，到頭來你會連十四分鐘都坐不住。

那麼，我們該如何在修行做功夫和服務奉獻之間取得平衡呢？告訴你個壞消息，它是無法平衡的，你永遠也找不到那個平衡點在哪裡。我自己也曾經試著在永無止盡的行政管理、募款、教學、爲人解答疑難、四處奔波這些繁重的工作之外，另外找時間做自己的功夫。直到有一天我才明白，原來工作和做功夫可以同時進行，服務和修行是並行不悖的。那時，你就不用躲到什麼山洞裡去閉關修行，因爲你從來就沒有離開過自己內心中那個禪修的密室，你就可以在爲眾生服務的時候同步修行。這雖然不是最高境界，但已經是非常高超了。

老實告訴你，我就從來沒見過我的上師正正經經坐下來打坐。服務奉獻，和憶持正念是同步進行的。當你騎在自行車上，那個時候你的心在做什麼？那個時候就是你做功夫的時候，用專注的心態去取代散亂的心緒，那就是行禪。世上有這麼多的憂患苦痛，如果你只會閉著眼睛在那裡打坐，誰去爲世人解憂除苦？所以，你要能夠一方面積極投入人間爲眾生服務，另一方面能不荒廢自己的修行，那才是眞本事。

譯註：

❶ 請參閱本篇第三句經的說明，詳第62頁。

❷ *'Yoga-Sūtras of Patañjali with the Exposition of Vyāsa: A Translation and Commentary'* (Volume I Samādhi-pāda) by Swami Veda Bharati. 請注意此書分為新舊二版，舊版於1986年發行初版，約500頁；新版於2014年發行，約800頁。

陳明意旨

第1經

I.1 atha yogānuśhāsanam

茲此，傳授瑜伽之學。

經文拆解註釋

atha：此時，於此吉祥的時刻

yoga：瑜伽（之）

anu-：依隨（某傳承）

śhāsanam：指示、紀律、教導

全段白話解讀

現在，於此承先啓後的吉祥時刻，

正式開始依隨傳承來教導瑜伽之學。

第一行是梵文的經文原文（以羅馬字母拼音顯示），第二行為該句經文的中譯。

梵文有個特殊的語法規則，叫做「合字」（sandhi），就是將幾個原本單獨的字結合成一個複合字，前面那個字尾的音節和下一字的字首音節，依某種文法規則，有時會混合變成為跟原本前後都不同的第三種音。例如，本句經文中的yoga和anuśhāsanam結合，而成為yogānuśhāsanam一個字，其中二個短音a變成了長音的ā。在讀到這種句子的時候，要懂得把複合字拆開來，還原成本來的單字。我們先朗讀每個單字，學會怎麼念它，知道它的意思，然後再合起來，朗讀一整段句子。

Atha，這個字本身就是個咒語，是在祈請、啓動神明來護持。印度傳統在做任何正事之前都要有個吉祥的起頭，例如在寫信之前很多人會先寫個「嗡」（Om）字的符號，就像西方基督教人士會先畫個十字，穆斯林信徒會先寫眞主「阿拉」，都是同樣的道理。所以，atha這個咒語是祈請神明護持；然後說，現在，我們已經做好了該做的準備，師生都具備了資格。具備什麼資格？具備資格來傳授、來學習瑜伽之學的紀律和教導，因此可以開始進行傳授。

什麼是「瑜伽」？《瑜伽經》有很多註釋版本，其中以古聖人威亞薩所寫的《釋論》最具權威。威亞薩開宗明義說了這句名言：「瑜伽（即）三摩地（yogaḥ samādhiḥ）。」

只有三摩地才是瑜伽，所有其他都不過是準備的功夫罷了。

傳授學習，在經文中是用了anuśhāsanam這個字。字首的anu-有承續、連貫的意思，是繼續先前的所作所為。而動詞字根的śhās，則是建立某種紀律、學科，也是śhiṣhya（弟子）這個字的由來，意思是需要受教的人。

這句經文完整的意思是：現在，啓動神明的護持，依照傳統，跟隨傳承，開始教授瑜伽之學，傳授給予足堪接受教導之人。

讀到這裡，你可能已經開始覺得沉悶，對很多人而言，這些東西的確是枯燥無味，可是你必須下定決心去學習。

威亞薩說：「瑜伽即三摩地。」之後接著說：「而三摩地是『心地』（chitta）所有層面共同的屬性。」三摩地不是只限於某種層次的心地，而是普遍存在於全體心地的每一種狀態。換言之，連你我現在都是在三摩地中❶。

他說心地可分為五種層次的狀態❷，也可以說分五「地」。哪五種？散亂、昏沉、不定、專一、止息。

- 散亂（kṣhipta，亦翻譯成「擾心」），這就是你我一般人所謂「正常」的狀態，其實是一種煩躁不安的狀態。

- 昏沉（mūḍha，亦翻譯成「盲心」），睡眠、昏厥是明顯的昏沉狀態。我們自以爲是清醒的時候，昏沉的狀態也是存在的。我們平時所用到的心地部分，只不過像是大海中的一滴而已，其餘部分的心地是處於昏沉狀態，是在睡眠、昏厥中，只是我們無所覺知。只有瑜伽大師、大修行人才可以覺知到、用到整個心地。

- 不定（vikṣhipta，亦翻譯成「遷心、被干擾心」），是受到「干擾」（vikṣhepa）的狀態，這和散亂有何區別？今天的印地語（Hindi）中也有這個字，但是那和《瑜伽經》中的意義不同。不定，是說在禪定靜坐中，心念開始游移的那個狀態。《瑜伽經》第一篇第三十句經列出了九種干擾，第三十一句經列出五種附隨的干擾，這些會造成心的不定狀態。譬如，有的人雖然靜坐了四十分鐘，其中如果眞正能有四分鐘不是在不定的狀態中、沒有干擾存在，就已經非常難能可貴了。所以，如果你能夠坐上二分鐘完全沒有干擾，就比在不定狀態中坐上二小時還要好。

- 專一（ekāgra，亦翻譯成「一心」），完全集中於一點，毫不游移。

- 止息（niruddha，亦翻譯成「滅心」），是心完全受控，被攝伏了，而不是一般解釋成壓抑乃至消滅的狀態（譯按：所以翻譯爲「滅心」並不完全恰當）。書本中所讀到的解釋，如果和自己這個傳承所教導的說法出現歧異時，我們應該毫不猶疑地揚棄書本的解釋。

三摩地主要可以分成有智三摩地和非智三摩地二類，在解釋這二類三摩地之前，我們要先知道另一個重要的梵文名詞：vṛitti（心念❸），這是心所起的種種作用，也就是心所起的種種轉異，叫做「心念」（譯音「弗日提」）。從第一篇第二句經開始，我們將會詳盡討論什麼是「心念」，以及如何去控制攝伏「心念」。

在散亂、昏沉、不定這三種心地的狀態中，「心念」是混亂的，毫無秩序。反之，在專一的狀態中，心念是集中的，也就是所謂的有智三摩地，到此剩下只有一個「心念」，那個就是你所專一的對象，而且要能如此保持下去，沒有出現干擾不定。到了非智三摩地，連那個「心念」也沒有了。譬如說專一持咒，到了這個境界，連咒語也提不起來，持咒的心也放下了。但這可不是說你我現在忘了持咒，所以我們已經到了非智三摩地的境界。

剛才有人問，有智三摩地是只剩下一個「心念」，為什麼我們傳承教靜坐卻是要持咒又要覺知呼吸，這豈不是有兩個「心念」了？你要知道，其實咒語和呼吸都不重要，它們都是搭載我們去到目的地的工具。在你目前這個階段，你需要有咒語這個「心念」。在有智三摩地，我們講的是由於專心在呼吸和咒語上所導致的心地狀態。那麼，他再問，在後面第五句經所列出的五種「心念」中，這個三摩地的

「心念」狀態算是哪一種「心念」呢？它不是記憶，不是睡眠，當然不是夢想，更不是顚倒，所以應該是某種的「證量」。它叫做「瑜伽士所證量」（yogi-pratyakṣha），是不經由感官直接證到的。這個問題很有程度，很好。

那麼，我們如何知道自己已經到了有智三摩地的境界？根據威亞薩的說法，有幾個特徵，或者說達成了幾個地步：

- 在專一的心地中，「完全照見」（pra-dyotayati）、如實證知所專一對象的實相。注意不只是照見，是要完全（pra-）地照見，證知「實義」（athar）。例如證知呼吸的實相，或證知「識身層」（vijñānamaya kosha）中某一個特殊成分的實相。

- 所有煩惱染污（kleśhas）消退，逐漸清除。什麼是煩惱染污？《瑜伽經》第二篇第三句經列舉了五種主要的煩惱染污❹。

- 解開業力的束縛。

- 因此，才有可能進一步做到「心念」完全受控制的止息狀態。

接著是非智三摩地，威亞薩說：「所有『心念』之受控而止息，就稱爲非智三摩地。」這裡的止息，他的用字是nirodha，是名詞；前面用的niruddha是過去分詞，是完成式，表示已經受控。威亞薩爲受控而止息的狀態所下的定義是：

- 此後不再產生新的心印❺（譯按：也就是不會再造新業）。
- 此人心識處於三摩地境地。
- 但是，過去在心地所留下的心印仍然不滅（譯按：意味著舊業仍然留存）。

就如同海洋的表面會起波瀾，但是一旦潛入海中，則是無波無浪的境地。所以在這種三摩地中的人，他的外表看來與常人無異，他也會走動、交談、嘻笑。馬在跑，但他是坐著不動的。那是超越了心地，但並不是說心地不復存在了。你不騎馬時，把馬拴住，馬並沒有消失；而當你要用到時，你就再騎上馬。

《薄迦梵歌》中有一段叫做《定慧者章❻》，是在述說徹底開悟之人，他的智慧已經穩固。換言之，他隨時保持在三摩地中，像這樣的人，他說起話來、坐下來、走動起來，究竟有何特別之處？

隨時在三摩地中的人，他在說話時，仍然能保持對自己內在深處的覺知，而我們說話時就做不到。

剛才有個問題，是關於「心地❼」的意義。在《瑜伽經》裡，心地包括了所有的「心」（mind），是個統稱。而在「數論❽」哲學（sāṅkhya）中，則是把心拆開來分成幾個部分，幾個不同層次。什麼是心？心是個能量場，心是個特別的能量場，這個觀念你要記住！記住！記住！心地有強有弱，就如同磁力場有強有弱。它也可能會扭曲變形。相關的《瑜伽經》經文，在第一篇的第二十、三十、三十一句經，以及第二篇的第三句經❾。

還有人問靜默和靜止有何不同？這是個用詞的問題，眞正的靜默是靜止。當所有的感官都靜默了，就是靜止。但是，一般人不會說感官靜默了，所以就說感官靜止了。完全絕對的靜默，就是靜止。

譯註：

❶「三摩地普遍存在所有層次的心念狀態之中」，這句話聽來似乎無法置信，但是卻有非常精妙的意義，有助於了解《瑜伽經》所為何事。請參閱斯瓦米韋達所著《釋論》第一輯（新版）pp.157–158。

❷斯瓦米韋達說過，現代心理學、腦神經學所觀察研究的對象多半是屬於第一階段的散亂狀態，對於其餘四種狀態所知甚少。而帕坦迦利的《瑜伽經》完全集中於後三種的心地狀態，認為前二種根本不能算是瑜伽。

❸斯瓦米韋達在講述及在寫書時，都直接使用梵文vṛitti而不予翻譯。譯者原本想使用譯音的「弗日提」來表述vṛitti，幾經考慮後決定還是使用較容易為中文讀者所接受的「心念」作為本書中的翻譯名詞。這個譯法未必完全貼切，只能算是折衷，請讀者留意。譯者以前曾經把vṛitti譯為「心浪」，見過的其他中文譯法還有「心之轉異」、「心之轉化」。

❹五種煩惱分別是：無明、有我、欣戀、厭憎、死懼。

❺心印（saṁskāra）是任何作為、任何感覺知覺在心中所留下不滅的印象，是形成習氣、個性及成見的原因。

❻《定慧者章》（*Sthita-Prajña Adhyāya*）是指《薄伽梵歌》第二篇第54–72頌。

❼斯瓦米韋達將《瑜伽經》梵文的chitta翻譯成英文的mind-field，而不是mind。在他的新版《釋論》第一卷154–157頁詳細解釋為什麼要如此翻譯。他說，這裡的chitta是個「地」（梵文bhūmi），是「場地」或「田地」（kṣhetra）的意思，所有煩惱習氣的種子都種在其中。有人認為chitta是「倉庫」的意思，但是斯瓦米韋達認為「地」的概念好過「倉庫」的概念。他也不認為應該翻譯成「心流」，因為河流的概念是在講「心念」，而不是心地本身。譯者按，「心」這個概念無論古今中外都是極難掌握的，中文的「心」除了特別指器官的心臟之外，可以涵蓋一切思想、感覺、知覺、辨別的作用在內，所有這一類字詞的部首都是心，可見古人認為這些都是心的作用。反而「腦」在中文裡的部首是「肉」，表明是個器官，腦和惱二個字，一個從肉、一個從心，意義就不同，可見古人對此有深刻的認識。及至輸入印度的佛學哲理之後，心在中文的意義就更豐富，也更難掌握了。唐代圭峰宗密禪師說，梵文中的心大致有四類。第一是「紇利陀耶」（可能是梵文hṛidaya之譯音），是肉團心，就是心臟。第二是「緣慮心」，他說就是「八識」，但沒有說出譯音，所以有可能是vijñāna，更有可能

是廣義的manas。第三是「質多耶」，他說中文是「集起心」，單指第八識，積集種子能生現行，從定義、從音譯看來，譯者猜想很有可能是chitta。第四是「乾栗陀耶」，他說即是真心、如來藏，很難判定梵文為何，有可能是hṛidaya，但這和「紇利陀耶」又有何區別，比較可能的是chit或chaitanya，還請方家指正。中文的「心」可以指最終極的境地，也可以指一般的思慮、感覺、知覺。禪宗所說的「心地」，乃是「佛性」。而在數論和瑜伽理論系統裡，manas、chitta乃至於buddhi（英文統稱為mind）通通都是「物」，是「原物」（prakṛiti）衍生而出，不是真正自性（用佛家的話說，不是真心、佛性、真如、真常）。然而，眾生迷之以為自我，所以才會有種種苦，所以會有輪迴。斯瓦米韋達時常提醒學生，在不同的哲學體系中，同一個字的意義往往不盡相同，甚至南轅北轍，研讀時一定要仔細思辨。即使在同一個體系中或同一部經中，同一個字的含意也不同，例如samādhi這個字在《瑜伽經》I.20指的是靜坐，在經文其他地方的意義是三摩地。又如，smṛiti在I.5、I.11的意思是記憶，但是在I.20卻是意守、念住的意思，其他的例子還很多。又例如《道德經》第一句「道可道」，前後二個「道」字的意義也不同。

❽ 古人譯音為「僧佉耶」論。

❾ I.20 是說如何讓心力變強，而I.30、31以及II.3是心力如何會變弱。

定義

第2～4經

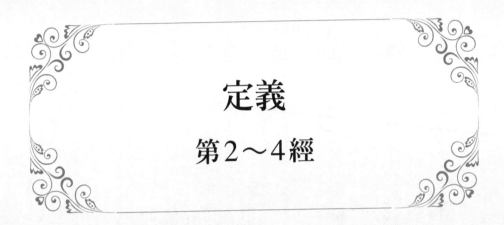

I.2 yogaśh chitta-vṛitti-nirodhaḥ

瑜伽，乃心地心念之止息。

經文拆解註釋

yogaḥ：瑜伽（就是）

chitta-：心地（之）

vṛitti-：作用、活動、起伏、轉異（之）

nirodhaḥ：止息、控制、受控、攝控

全段白話解讀

所謂瑜伽，

就是心地和心地所起的活動作用受到控制而止息。

各位學習《瑜伽經》的朋友要知道，學問分爲二種：「理門」（darśhana）及「行門」（prayoga）。用現代的語言說，理就是哲學、哲理、理論。但是，印度傳統觀念的哲學，不同於西方觀念的哲學。印度人所謂的哲學不是單單靠推理構思發展出來的理論，而是經由實證（實際見證）到的眞理所形成的理論。「行」是實踐、應用，是如何下手修練以達到實證之「理」的一套學問功夫。瑜伽的「理門學問」（darśhana-śhāstra）是數論哲學，而《瑜伽經》的「瑜伽之學」（yoga-śhasanam）是「行門學問」（prayoga-śhāstra）。一個是理論，一個是應用。要想學通瑜伽之學，就必須先懂數論哲學的分類系統。

數論哲學首先做了二個基本的分類：「本我」和「原物❶」。本我是覺性（本覺）之本，而原物則是沒有覺性的物質之本。這是最基本最起始的分類。要詳細剖析接下去種種衍生出來的分類，必須要到博士班的程度，而我們目前所開講的，只能算是小學三年級的程度。

我們是什麼？我們都是本我，是覺性之本，但是我們迷失了那個眞正的自己，反而把沒有覺性的原物所變化出來的東西當成自己。我們是有覺性的靈體，卻誤認爲自己是個物質的生命。這就叫做「無明」（avidyā）。我們是本我，有趣的是，本我這個名詞是陽性，可是《瑜伽經》裡面所有形容本我的字詞卻都是陰性的。

要注意，我們不說本我「具有」覺性之力（chiti-śhakti），我們說本我「就是」覺性之力。如果你沒有了解這個最基本的道理，你就根本沒有了解瑜伽的道理。我們爲什麼會誤認，爲什麼會迷失，爲什麼把身體當成自己？譬如說這裡有一面鏡子，太陽反映在鏡中，陽光從鏡子反射出來。如果有人不知道有太陽，會以爲是鏡子自己在發光。在這裡，我們以太陽比喻本我，鏡子則是比喻「布提」（buddhi）；而布提是由原物所衍生出來最精細微妙的物質。精微是相對於粗重而言，用科學的語言來說，越精微則頻率越高。「布提❷」很難準確地把它翻譯成別的語言，例如英文、德文的詞彙中都沒有可對應的字。有人把它翻譯成智性，這也有問題。布提是最精微的「心」，我可以形容它是最極致的心識。本我的光照射到布提這面鏡子之後，它反射出來的光透過心及心的層層結構，也就是說經過一次又一次的過濾作用，因而形成了「氣身層」、「肉身層」等等，形成了我們的整個人格。

對於從來不知道外面有個太陽的人，會認爲鏡子裡的太陽是眞的。這也就是覺知到有個「我」的第一念，《瑜伽經》中稱爲「有我」（梵文是asmitā，不同於另一個梵文名詞ahaṁkāra，我執），其定義請看第二篇的第六經。這就是說，在布提這面鏡子中，有覺和無覺混在一起，把本我和原物給搞混了，這就是所謂的「無明」。

大家通常把「瑜伽」翻譯成結合，但是瑜伽也是分離。我們說「明辨智」，就是把原本的太陽和（從鏡中）反映的太陽分開。其實也不是分開，而是知道太陽和鏡子本來就是分離的。我是覺性之本，我和這個物質身體是不同的。身體披在本我外面，就像是一件衣服。你穿了一件襯衫，不會說我是襯衫；你把披肩裹在身上，不會說我是披肩。

可是，我們卻認爲我的本我就是掛在自己外面的那個軀體。一旦你明白到衣服是衣服、穿衣服的人是穿衣服的人，那就是開悟，那就是瑜伽的目標。你們要好好去琢磨這個道理，大家一起共同討論。永遠要記得《瑜伽經》中這個道理。

我再強調一次，《瑜伽經》的哲學理論來自「數論」派哲學。《瑜伽經》是應用哲學，是實踐。《瑜伽經》往往直接承受、引用數論哲學的概念而不加解釋，所以要眞正了解《瑜伽經》，就必須先學習「數論」（見附錄1）。「數論」中有一個非常基本的概念：所有的「物」（包括我們的心理作用在內都是物）都具備三種「質性」（guṇas ❸），即悅性（sattva）、動性（rajas）和惰性（tamas）。

悅性是光明的、能光照的、輕盈的，不會讓身體、食物、心情變得沉重。動性是活動的，會使你變得更積極參與的，想吃這個、想做那事、想跟某人接近等等。至於惰性，則是沉重無活力的，可是當惰性輔佐悅性時，它會令你穩定、有定力。若是惰性侵凌悅性，就會產生過量進食、心念沉重、身體濁重等情形。

宇宙中所有的所有、一切的一切都由這三種質性所構成，不論是原子、心理狀態、日月等等，無一例外。這個東西和那個東西不同，就是因爲這三種質性的組合比率不同的緣故。那麼究竟哪些是算悅性、哪些算動性，而哪些是惰性呢？這都是相對的。例如，氣身層相較於肉身層來說，是悅性的。但是氣身層的悅性，又不如樂身層❹。我這個念頭算是悅性、動性，還是惰性呢？答案是：每一種質性都有，沒有純悅性的，也沒有純動性或純惰性的。如果我們的氣變得比較粗重，就是氣的動性和惰性壓過了悅性。任何的心理狀態、情緒、人際關係、說話的語氣，你都可以決定是要讓它變得比較偏悅性、偏動性或是偏惰性。所謂善於言辭，是知道在什麼場合、對什麼人，該用哪種質性的語氣來說話。

又如我們的食物，也是三種質性都有。其中會讓人覺得輕盈、帶給人能量的食物是偏悅性的；辛辣類的食物是偏動性的。不要認爲不是悅性的食物就不好，辛辣食物、各種香料對消化是很重要的。粗糙的食品是偏惰性的，如果你粗糙食物吃得太少就容易便秘。印度烹調的秘訣是讓許多香料充分融合，所以你吃到的是整體的口感。不善於烹調的人，煮出來的食物讓人嘗起來香料是一一分離的。而有些印度人吃東西只追求香料的刺激口感，反而忽略了食物本身的滋味，如此烹調出來的食物就是偏動性的。

我覺得當今印度男士的衣服比較偏惰性的深色，而不是悅性的白色。不過，你可不要認爲惰性就必然是不好的，譬如說，假如沒有惰性的話，你的身體就不會有重量。在目前這個階段，你還是需要腳踏實地，惰性還是有作用的。不過，惰性是要能爲悅性所用，而不是讓惰性壓過悅性。

《薄伽梵歌[5]》（*Bhagavad Gītā*）第十四、十七、十八章對於這三種質性有詳細的說明，你讀了後就會對何謂三質性有更深入的理解。

《瑜伽經》第二經是帕坦迦利對瑜伽所下的定義。你前面已經學到威亞薩所下的定義：「瑜伽即是三摩地。」瑜伽的意義就是三摩地。這裡帕坦迦利說：「瑜伽乃心地心念之止息。」換言之，這也就是三摩地的意義。所以三摩地就是控制心地和「心念」。「心念」就是心地所起的種種活動和作用，就是心地所起的種種轉化、轉變。

所謂受控而「止息」（nirodha），在有些文本中被翻譯成「壓抑」或「限制」。我們以為nirodha絕非壓抑，也不是限制，也不是沒有「心念」。簡單地說，我們這裡所謂的受控，是一個如下的過程：

- 心的注意力由向外攀緣，改為往內探索追尋

↓

- 「動性」和「惰性」的心念消融於心地中，所以……

↓

- 「心印」的識浪就不再起伏；因而……

↓

- 分辨出靈性的本我和「布提」之不同，以及……

↓

- 三摩地也會在心地中留下它的心印（見第五十經）

↓

- 最終，在非智三摩地的境地，本我安住於自己的本性中（見第三經）。靜坐者到了這個境地，當他睜開眼睛面向外在的世界時，一切「心念」都受他所控制而得到止息。

有了這種控制的本事，你的心力只會變得更強大。

爲什麼經文不說「所有」的「心念」都受到控制才是瑜伽，才算是三摩地呢？這是考學生的一個好題目。在解釋上一句經的時候，我們說過三摩地分爲「有智三摩地」和「非智三摩地」兩種，前者是只剩下一個「心念」，所專注的對象仍然存在；後者則是連所專注的對象也消除了，所以最後那一個「心念」也沒有了。《瑜伽經》爲了要將非智三摩地包括在瑜伽的定義之內，而不要把非智三摩地排除在瑜伽的定義之外，所以不說「所有心念」都止息了才是瑜伽，否則有智三摩地因爲「心念」仍然沒有完全止息，就不能算是瑜伽了

威亞薩說：「心地有三種面向：光明（pra-khyā，由悅性而來）、進取（pra-vṛitti，由動性而來）、停滯（sthiti，由惰性而來），因此心地也是由三質性所構成。」光明能照亮，所以在這裡的意思是有覺知的能力，這個定義比較少人用，可是我認爲是最恰當的。能爲「本我」（puruṣha，也翻譯成神我）的覺性做傳導的，就是此地這個光明的意義。

如果心地能夠如實傳導本我的覺性，那我們就說這個心地是悅性的，說它是光明的。威亞薩在他的註解中，用了相當多的文字來描述三質性不同的配置所產生不同的心地狀態。我們學習瑜伽，就要隨時注意到自己的心是受到哪種質性的支配多些。整個印度的哲學體系在分析心的層面時，都會運用到三質性。我們說瑜伽大師有定力，打起坐來

穩定不動。但是石頭也是穩定不動的，瑜伽大師和一塊石頭有什麼區別？答案是，石頭是惰性壓過了悅性；而瑜伽大師，是惰性在輔佐悅性。我們在此無法深入介紹威亞薩的註解，有興趣進一步研究的人不妨參考我寫的那本《釋論》，對威亞薩的註解有完整的翻譯和解說。

對於這一句經，還有兩個哲學觀念是應該要認識的，就是「明辨智」（viveka-khyāti）和「奇提－夏克提❻」（chiti-śhakti）。當然，如果沒有學習過梵文的話，你不會了解這些字的眞正意義。「奇提－夏克提」是「本我」的純粹覺性之力。「本我」在數論和瑜伽哲學中叫做puruṣha，也就是atman（有翻譯成阿特曼、本我、眞我、自性）。「奇提－夏克提」就是本我，也可以叫做「昆達里尼」（kuṇḍalinī）。很多人對昆達里尼感到很好奇，不過他們所了解的昆達里尼多半是自己想像力的產物。有人打坐時身子會動，他就認爲是自己的昆達里尼被喚醒了。但這和昆達里尼完全沒有關係，昆達里尼眞正被喚醒了的話，其中一個特徵反而是完全地靜止。

像我盤腿坐在這裡講課，坐上幾個鐘頭二條腿都不會動，也不需要動。如果沒有昆達里尼，坐姿以及任何其他姿勢就不會穩定。有了昆達里尼，不需要動的時候，就能保持絕對靜止。我們要謹記，昆達里尼眞的被喚醒的話，特徵是靜止，而不是狂動。喚醒了之後，如果需要動的話，就能更有效率地去動，那是一種優美而「受控」的動。

在講明辨智之前，我們先要知道目前我們是處於什麼境界。目前，我們把本我和這個身體混爲一談，所以我們誤以爲這個身體就是我，以爲在鏡子中看見的那個身體是自己，這是我們目前的見地。當我們有了些進步，就開始認爲自己其實是呼吸。佛教內觀法門的根本經典《安般守意經》就說：「我視呼吸如身體內另一個身體。」到了下一步，你又開始認爲自己是「氣」，再下一步就把「心識」當成自己，等等等等。這是一個修道進步的過程。當你一步一步深入，所知所見的層面越來越精微，就能把假象一個一個的排除。

明辨智，就是終於認識到奇提－夏克提、那個覺性之力、那個本我，它並不是身體、不是呼吸、不是心識，能夠分辨這兩者是截然不同的。這就是修習瑜伽的目的。

I.3 tadā draṣhṭuḥ sva-rūpe'vasthānam

於是，見者安住於本性。

經文拆解註釋

tadā：於是

draṣhṭuḥ：見者（之）

sva-rūpe：於（他之）自然本性中

ava-sthānam：穩定、安頓、保持在某個境地

全段白話解讀

「心念」既已止息消融，

於是見者就能穩固地安住於他的自然本性中。

上一句經說種種「心念」都已經受控止息，所以心已經沒有對象了。那麼，此時本我會是什麼狀態呢？是否本我就此消失？這句經文就在回答這個問題：「於是，見者能安住於自己本性。」這就是瑜伽的最終成果，即是《瑜伽經》第四篇所說的「獨耀❼」（kaivalya），就是非智三摩地的境界。

誰是這個見者？見者是本我，本我見到的是原物的種種情狀。換言之，覺性（或者稱爲本我、眞我、自性都一樣）做爲一位旁觀者，見到物質身中所發生的種種情狀，而此地所謂物質也包括心的作用。印度哲學中有個很重要的觀念，我們不認爲心❽和物是對立分離的。心不過是最精微的物，是振盪頻率最高的物。覺性則是分離的，是獨立於物的，這一點你要牢記在心。今天翻譯印度哲學的人士，很多就犯了這個錯誤，把心和物當成是不同的東西，不幸連有些印度學者有意或無意間也接受了西方的這個觀點。印度傳統的主張是：心就是物，只不過心是最精微的物而已。

見者，就是本我（puruṣha，這個字是陽性），也稱爲覺性之力（chiti-śhakti，是個陰性字）。它是見性，能見之力（dṛiśhi-śhakti 或dṛik-śhakti，也是個陰性字❾），見到心的種種情狀，但只是個旁觀者，能見到心在作用、身體在作用，本我並不會參與心和身體的作用。我們的所作所爲，都是這個「人」在做，本我什麼都沒做。當然這和我們日常的觀念和表達方式不同。你要知道我們所使用的語言分兩個層次，一個是凡人使用的，是無明的語言層次；另一個是智慧的語言層次。在心地的「心念」還沒有完全受控以前，我們所使用的語言都是無明的語言。要等到「心念」完全受控了，有了明辨智，才會使用智慧的語言。明辨智是知道太陽不在鏡子裡，和鏡子是分開的。太陽是能見之力，它和鏡子沒有關聯。鏡子反映了本我，假如鏡子的玻璃是黃色的，反射出來的光也會是黃色的，但是本我並沒有變成黃色。當你明白了這個道理，本我就仍然是本我。縱然鏡子空無影像時，太陽仍然是太陽。另一個比喻是，湖面起了波濤，湖中反映的月亮好像是破碎的，可是你抬頭一看，月亮仍然是完整的，什麼事都沒有。這就是見者，那個本我，仍然安住於他的本性之中。

這裡你要知道兩個對立的觀念名詞，一個是「定心地」（nirodha-chitta），也叫做「三摩地心地」（samādhi-chitta）；跟它相對的是「離定心地」（vyutthāna-chitta）。前者是停留在三摩地狀態的心地，就是第二經所說的這個境地，「心念」都受控了，都止息了。後者就是例如我們現在狀態的心地，不再停留在三摩地、被打斷的心地狀態，就是離定心地，是心又在起念頭，又在跟外界交涉。離定（vyutthāna）這個字的本義是起身、離座。有人問，已經證到三摩地境界的人，他是一直保持在三摩地中，還是會受到離定心地的影響？剛證到三摩地的人還是會離定，但你繼續下功夫，繼續精進，終於會到達那個始終保持在三摩地中的定境，即使在說話、走路、吃飯，無論做什麼事的當中，本我仍然會保持對自己的覺知。

第一經說心地有五種狀態，其中之一是不定，這不定和離定有何不同？不定是因爲受到干擾，至於什麼是干擾，我們留待後面第三十、三十一經再說。

I.4 vṛitti-sārūpyam itaratra

別此，則與心念相認。

經文拆解註釋

vṛitti：心念、作用、起伏、轉異

sārūpyam：類同、認同、相認

itaratra：其他、別處

全段白話解讀

若不是處於非智三摩地，

則本我似乎仍然表現出誤認「心念」的形形色色爲自我。

這句經文如果照文字直譯的話，就是：「心念之誤認於別處。」讀來讓人不知所云。它的意思是，第三經說在「心念」完全受控止息時，本我安住於本性中。但是在「心念」沒有完全受控的時候，也就是不在非智三摩地的時候，本我似乎誤以爲「心念」的形形色色爲自我。我們說「似乎」是因爲本我不會誤認，不會受「心念」的影響。而是布提裡面，布提化出來的那個「有我」一念，自以爲是本我，是它在誤認種種「心念」爲自我。

你要回想我們前面用太陽和鏡子所做的比喻。太陽光就是太陽光，但鏡子中反映的光，就既需要太陽也需要鏡子。太陽不會誤把鏡子當作自己，是在鏡中的人錯誤地以爲太陽和鏡子顯現的一切影像都在鏡子裡。基督教的聖人保羅說：「以前猶如透過玻璃看出去，所以晦暗不明。如今一切明朗可見。」和這句經文的旨意不謀而合。

譯註：

❶《金七十論》中將prakṛiti 譯為「本性」，而在佛門的《大智度論》中則譯為「世性」。為了避免引起混淆，prakṛiti在本書中譯為「原物」。譯者過去也把它譯為「原質」，請讀者注意。

❷「布提」在《金七十論》中譯為「大」或「覺」，《大智度論》也譯為「覺」。因為很難準確翻譯之故，也怕引起混淆，本書採用譯音原則，音譯為「布提」。布提和佛法中的「菩提」（bodhi）概念不可混淆。

❸對佛家而言，「數論」雖然屬於「外道」的理論，但是佛教四大譯師之一的真諦卻將數論的典籍《金七十論》譯為中文；而且後人又將《金七十論》收入《大藏經》內，其中意義頗堪玩味。在《金七十論》中，真諦把「質性」一詞譯成「德」，三質性就稱為三德，sattva、rajas、tama在論中音譯為「薩埵、羅闍、多磨」——這是體；而它們的相則譯成「樂、苦、痴闇」或稱為「喜、憂、闇」，它們的作用則譯成「光照、生起、繫縛」、「和諧、躁動、黑暗」等等。總之，這三質性是一種抽象的符號或代號，可以有許多不同的相貌和功能，所以不必一定拘泥於某種一成不變的翻譯字詞，可以視狀況用不同的方式來稱呼。

❹這是所謂人的五個身層或五個身套，層層套住，由粗變精；依次為最外層的食物身（或者說肉身，包括所有的生理結構）、氣身、意身、智身（或說識身）、樂身。樂身層裡面才是真正的本我，所以這五種身都不是我。

❺《薄伽梵歌》是印度巨篇史詩《摩訶波羅多》其中的一節，在印度被奉為聖經，是行為規範的寶典，也是瑜伽之學中一部極重要的經典。

❻chiti就是Consciousness，覺性、本覺。請注意，在瑜伽哲學中chiti和屬於「物」的chitta （心地）完全不同，在本書中將chiti音譯為「奇提」。śhakti是一種特殊的能量，是一種勢能，和一般的能量和力不同，本文音譯為「夏克提」。請讀者參閱斯瓦米韋達另一本書：*Kundalini – Stirred or Stilled*（中文版書名為《拙火瑜伽——史上最奧秘的生命原能》），其中對昆達里尼、夏克提、奇提等等有更為詳盡的介紹。

❼「獨耀」是瑜伽的終極成果，是整部《瑜伽經》最後一句經所說的境地。斯瓦米韋達在《釋論》中描述「獨耀」是不受一切「原物」（包括所有的身及外物）所羈絆，獨自光耀。這和禪宗百丈懷海祖師所說的：「靈光獨耀，迥脫根塵。」何其相似。所以譯者借用禪宗祖師用語，將kaivalya 譯為「獨耀」，也有譯為獨現、獨存。

❽本書在翻譯時遵從作者的觀點，除非另外特別指明，「心」這一字包括了心智、思想、感覺、知覺、情緒等作用，都是物，是由原物所衍生出來的。

❾原註：終極的本我（atman）是中性的，用任何別的稱呼來表示，不論陽性、陰性都無所謂。所以這一句經也可以說是：「心念」既已消融止息，於是見者就能穩固地住於「他」的自然本性中。

心地、心念及攝控

第5～11經

I.5 vṛittayaḥ pañchatayyaḥ kliṣhṭākliṣhṭāḥ

心念有五，有不善、有善。

經文拆解註釋

vṛittayaḥ：作用、起伏、轉異、「心念」（有）

pañchatayyaḥ：五種（也分二類）

kliṣhṭa-：不善的、苦的、不清淨的（有煩惱）

akliṣhṭāḥ：非不善的、非苦的、清淨的（無煩惱）

全段白話解讀

「心念」共有五種，分爲不善、善二類。

心的作用、轉異幾乎是無限的，數都數不清。如果我們連它們究竟有哪幾種都不知道，又怎麼能控制它們？帕坦伽利在這句經文中告訴我們，所有的「心念」可以大致分爲五種（下一句經文會把這五種「心念」列出來），而這五種可以歸類爲二類：不善的「心念」，以及非不善（也就是善）的「心念」。

善、不善的「心念」怎麼分別？凡是帶我們陷入煩惱之流的「心念」，也就是陷入衝突矛盾、悲苦的，就是不善。反之，不落入煩惱之流的「心念」，就是善。用另一個方式說，帶我們到開悟、解脫的「心念」是善的；而不能帶我們到開悟、解脫的「心念」是不善的。

每當你面臨人生重大抉擇，生活中有任何事情猶豫不決的時候，你不必去問上師，也不必去問心理治療師，就只要問問自己，這個抉擇、這個決定到底是讓我更接近開悟解脫，還是會讓我更遠離開悟解脫，就自然會有答案。有人問我，在助人時該抱著什麼樣的心態？我的建議是，如果助人讓你起了自大心：「我在幫人」，而且你還記著不忘：「我幫過你」，那就是不善的「心念」，它不會讓你開悟解脫。假如你幫了人，事情一過就把它放下，那就是善的「心念」。這才是重點所在。

雖然是不善的「心念」，也常常會有善的「心念」成分在其中。同樣的，善的「心念」裡，也可能有不善的「心念」。例如，你一生無私奉獻服務，但是某天晚上你想：「啊，瞧，我幫過多少人！」在那道善的「心念」之流中，就摻雜了一些不善的「心念」；反之亦然。你要記住，「心念」會留下心印。什麼是心印？它是印記，是我們的行爲留在心中的印記。行爲不只是外在的作爲才叫行爲，所有的念頭都是行爲，每一個念頭就是一個行爲。還有，我們的言語也是一種行爲。所以，行爲包括了身、語、意三種，你要記住。

梵文karma（業）就是行爲的意思。所以說，身、語、意都會造業，而其中又以意最爲重要。比如說，你身體的行爲或言語行爲並沒有故意的成分，就不是造業。這也是法理學的一條重要原則，要爲某個行爲定罪必須要證明該行爲是出於故意，要證明有犯意，所以喪失心智的人是不會被判有罪的。有人質疑，酒醉或服藥導致心神喪失而做出的行爲，該怎麼看？從瑜伽論點來看，你明知飲酒或服藥會造成某種結果，而你仍然去做，就還是有故意的成分在內。你所造的業不是你在酒醉中辱罵別人的行爲，而是你選擇、決意去飲酒的那個心念。

業是個非常複雜、非常深奧的題目，不是能夠很簡單就做出斷定的。印度的耆那教派對於業的理論有非常精闢的闡述，是其他教派所不及的。動了心念但沒有付諸實行，與實際付諸行動的業有何分別？後者的業力更強大。例如，在印度的《摩努法典》中，殺人這個行爲就分八種不同的等級。這個題目是講不完的，會讓我們偏離《瑜伽經》。

「心念」會留下心印，而心印又會再生出「心念」。新的「心念」會使得原本的心印變得更堅固，它又造出更強的「心念」。這個再造循環日夜不停地運轉，如果你的習氣是帶來不善的「心念」，那就是向下沉淪的惡性循環；而如果你的習氣帶來善的「心念」，那就是向上提升的正向循環。在《瑜伽經》中，「心念」簡單地分為善與不善二類，端視能否帶我們走向開悟解脫而定，如此而已。

I.6 pramāṇa-viparyaya-vikalpa-nidrā-smṛitayaḥ
證量、顛倒、夢想、睡眠及記憶。

經文拆解註釋

pramāṇa-：證量、正確的論證
viparyaya-：顛倒、錯誤認知
vikalpa-：夢想、空想、空話
nidrā-：睡眠（以及）
smṛitayaḥ：記憶

全段白話解讀

心地的五種「心念」是：
證量、顛倒、夢想、睡眠及記憶。

這是把前一句經文裡面，分爲善、不善這二類的五種「心念」一一列出來。它們個別的意義，會在後面的經句中分別論述。

I.7 pratyakṣhānumānāgamāḥ pramāṇāni

知量、比量、聖言量爲證量。

經文拆解註釋

pratyakṣha-：知量、直接認知證明

anumāna-：比量、推論證明

āgamāḥ：聖言量、聖人的言語證明

pramāṇāni：（諸）證量

全段白話解讀

所謂證量分爲三種：

直接認知證明的、推論得知的，以及聖人所教誨的。

證量的意思是證明、正確的論證，這個梵文字來源的動詞字根，意義是完整、全面衡量、丈量、度量，所以是正確的證明。

知量是來自感官直接認知的證明。

比量是推論、推斷、對比而得到的證明。這個梵文字也有度量的意思。字首anu-表示是接著、延續前面而來。所以這個字表示「由此而得知」，因爲這個、由於那個，所以如此。

聖言量，是來自已經證道智者的言語做爲證明。你讀一本化學論著，你相信它，因爲它是一位在化學領域有眞實成就的人所寫的。基督教也有類似的觀念，聖經的記載就是權威。但是瑜伽略有不同，不管是聖典所記載，還是上師所教導，你都要依照指示去實證。就如同你讀了化學書本，然後照著去實驗測試一樣。所以，聖言量是信心加上實證，二者缺一不可。瑜伽大師不會單純接受書本的記載，必須要經過實證，完全地測量，才是證量，這是內證。這也是一種知量，是直接認知的證明，所以稱爲「瑜伽師所知量」（yogi-prtyakṣha）。它不是一般人的感官所認知到的，而是瑜伽大師在他那個層次境地所證悟到的眞實。

I.8 viparyayo mithyā-jñānam a-tad-rūpa-prathiṣhṭham

非依本質所立的錯誤知識是顛倒。

經文拆解註釋

viparyayaḥ：顛倒

mithyā-jñānam：錯誤的知識

a-tad-rūpa-：不是該（對象）的本質

prathiṣhṭham：根據、建立

全段白話解讀

不依據對象事物的眞實本質所建立的錯誤知識，

就是所謂的顛倒。

五種「心念」中，第二種叫做「顛倒」，也就是不依據眞實的本質、形象而得來的認知，這是錯誤的知識。譬如，有白內障眼疾的人看到天上有兩個月亮，這也是由感官得來的直接認知，是知量。俗話說眼見爲憑，但是憑誰的眼睛所見？他的確見到兩個月亮沒錯，反而會質疑別人的視覺不正確。所以，單就一個人的知量是不足以確立眞僞的，要有其他條件配合共同來驗證，這是科學的方法。

又譬如，我說我身體內的血是綠色的，而且是我親眼所見，但這是證明嗎？潛水是我最喜愛的運動，有次我去潛水，在海底被海膽的針刺戳到手，我一看傷口，流出來的血居然是綠色的！我嚇了一跳，以爲是染到了什麼毒，立即游向教練給他看。誰知他比了個手勢表示沒什麼不得了，要我握住傷口浮上水面。到了水面後，我迫不及待地告訴他，我流出綠色的血。他要我放開握住的手再看一次，現在傷口的血則是正常紅色的。然後他告訴我，在海中一定深度的地方，光波會受到影響而無法展現完整的光譜，所以海面上見到是紅色的，在水底會變成綠色。

梵文viparyayaḥ的意思就是「倒過來」、「顛倒」。a-tad-rūpa 是「違反」（a）「那個」（tat）的「本質」（rūpa），把不是那個的視爲那個。

前二句經文所說的證量和比量的區別何在？這兩者都是由量度而來，證量字首的pra-表示完全、全面量度過了；比量字首anu-表示是沿著、跟著而得到的結論。例如，每個人都有位生父，這句話是知量，是觀察而來的結論。由此推證某某人也有父親，這就是比量。又如，見到山後有煙冒出來，縱然我看不到山的背面，但是由過去的觀察（知量）懂得有火才有煙，根據這個，我可以推斷山後面有火在燒。這都是證量，可以證明是正確的。

而顛倒恰恰是可以用證量來推翻的，是無法成立的。有眼疾的人縱然親眼見到天上有兩個月亮，可是因爲沒有眼疾的人可以證明這是錯覺，所以我們不承認天上有兩個月亮。顛倒，就是《瑜伽經》第二篇三～九經所列舉的種種「煩惱」（或稱爲過患），那些都是顛倒。《瑜伽經》所列舉的五種煩惱是以「無明」（avidyā）爲首，這五種煩惱基本上都是無明。數論哲學的經典《數論頌❶》（*Sāṇkhya Kārikā*）列出跟這五種煩惱相對應的五種過患，把它們稱爲「五地獄」：

《瑜伽經》五煩惱	**《數論頌》五地獄**
無明（avidyā）	陰闇（tamas）
有我（asmitā）	痴愚（moha）
貪戀（rāga）	大痴愚（mahā-moha）
厭憎（dveṣha）	夜闇（tāmisra）
死懼（abhiniveśha）	夜盲（andha-tāmisra）

這其中，陰闇、痴愚各有八種，大痴愚有十種，夜闇、夜盲各有十八種，所以合起來一共有六十二種地獄❷。

我們要知道，《瑜伽經》的三摩地篇是爲了已經非常接近三摩地境界的人所寫的，所以必須要提醒他們不要落入陷阱。五地獄，就是爲修行人指出這些陷阱。

陰闇是把「原物」以及原物所衍生出來的種種物類，誤認爲是自己的本性、本我。你要去讀數論，才知道有哪些衍生物類，我們就只簡單說這八類陰闇是：原物、布提、我執，再加上五唯❸。所有一切宇宙萬物，都是由這八類演變出來的。而這些全都不是眞正的我，把任何一類執著爲我就是一種地獄，就是陰闇，就是無明。

痴愚是指八種迷惑。學習瑜伽有可能會發起八種所謂的超能力❹（siddhis，或者說「神通」），如果以爲做到這些是一種成就，是了不起的事，而想去追求這些神通，那就是痴愚。眞正解脫了的人不會去碰這些所謂的超能力，因爲它們會占掉時間、浪費精力。開悟了的人可能會有超能力，但是有超能力的人卻不見得是已經開悟的人。在我《實驗室裡的瑜伽師》（*Yogi in the Lab*）一書中，對這件事有詳細的說明。

大痴愚有十種，就是有了超能力之後想放縱去享受五種知根、五種作根❺之樂。練習瑜伽的人，感官會變得敏銳。記得有次我在某個大會演講，演講廳大門緊閉，我的上師沒有進來，就坐在外面。等我結束出來，他告訴我，剛才這一段說得很好，另一段應該增加如此如此的說明，他都聽得一清二楚。這些只是肉身感官，看見、聽見的是世間的東西，另外還有精微身，可以聽見、看見天界的音聲和景象。佛陀說過，貪戀分爲二種：色貪（ruparāga）和無色貪（aruparāga），前者是對有形對象的貪執，後者是對無形對象的貪執。其中，無色貪比色貪更危險，你覺得人世間的音樂很美妙，天界的音樂更是美妙無法想像，你要是貪戀執著這個，就不會再進步。我們喜歡看五光十色，有的人看見內在的華光妙影，然後每次一上座就想去看光，這就是一種無色貪，對那些光的貪執。我的上師斯瓦米拉瑪說，你喜歡看光何必靠打坐，去城裡的鬧區看不就得了。既然你在外面都看得到，何必去裡面找？這些都是對生理感官以及對精微感官的貪執，共有十種。

夜闇有十八種。對於任何妨礙到自己追逐這八種超能力及十種根樂趣的，會生起嗔心，想要掙脫，那種憤怒就是夜闇，就是顚倒。「我本來很享受這個光、這香味，可是上師偏偏不讓我繼續享受，要我丟下它。我原來的練法可以發出神通，他偏偏要我換個練法，妨礙我進步。我要換個上師。」像這種念頭就是夜闇，就是地獄。

最後一類是夜盲地獄，也有十八種。想永遠享受這八種超能力、十種根樂趣，不希望結束，怕劫數盡頭來到，懼怕自己不再存在。這些也都是顚倒，不過是比普通人的顚倒層次來得高而已，我稱之爲「高級顚倒」。譬如說梵天神，他的壽限只有一百年，不過他的一個晝夜等於一個宇宙的生滅循環，所以他的一百年等於宇宙的三萬六千次生滅循環。一百年之後，他還是會喪失一切。所以，即使梵天神也懼怕自己的毀滅，如同我們凡人懼怕自己的毀滅一樣，這種心態都是顚倒，都是地獄。

有次我的上師對我說：「我傳個神通給你。」我婉拒了，說自己對神通沒有興趣，只求三摩地。他聽了很高興。其後有一次，他心情奇佳，想賞我點小東西，又對我說：「你就跟我求個什麼本事吧。」於是我向他求了一樣東西，至於我跟他求了什麼，那是我的秘密。

I.9 śhabda-jñānānupāti vastu-śhūnyo vikalpaḥ

依言語方知，而無實據者，是爲夢想。

經文拆解註釋

śhabda：字語

jñāna-：知識

anupāti：依據、根據

vastu-：實際存在的對象

śhūnyaḥ：無有

vikalpaḥ：夢想、空想

全段白話解讀

所謂夢想，

是只存在於言語文字中，而不是實際存在的。

夢想，就是空想、想像，是實際不存在的東西。最經典的例子就是：「不育婦人所生育的兒子，他頭戴空花所編織的王冠，在海市蜃樓的水中沐浴後，拿起兔角所做的弓。」這段話在言語文字上沒有問題，但完全是夢想、空想。然而，這些只能算是低層次的夢想，高層次的夢想就是我們的語言。所有的語言都是我們想像的產物，不是眞的。近代有所謂的解構主義，是法國哲學家德里達（Jacque Derrida）所創立，《瑜伽經》這裡所講夢想的概念可以說是最早的解構主義。

例如，在我寫的《釋論》中，我分析過，光是「約翰停了下來」這句話就存在五個邏輯上的錯誤。帕坦伽利、威亞薩都做過這樣的分析，大乘佛教的龍樹菩薩更是就這個題目寫了一整部論。他們都說，所有言談句子都是錯誤不實的，這其中的論據和現代量子物理的論述有非常多的交集。威亞薩說，例如「覺性是本我的形態和本質」這句話毫無意義，句子在文法上用到了屬格，那麼覺性和本我究竟是什麼關係？它是本我的兒子嗎？這就是空想、夢想。

所有日常語言、哲學語言都是如此，都是夢幻空想。任何語言陳述都沒有實義，無論梵文、希伯來文、拉丁文、希臘文，都一樣。就如同說「某人拿著一張兔角做的弓」，沒有一樣是有實義的。就拿「他偷了我的衣服」這句話來說，你和衣服是什麼關係？是你剪裁、縫製的嗎？你織的布？你種的棉花？根本沒有這個關係。瑜伽師和常人不同的地方，在於無論他用的是什麼語言文字，所陳述的是什麼，都明白那不是眞實的，他知道什麼是眞實，這叫做證悟。

例如，我們現在這間房子牆中的磚也毫無眞實可言。它是黏土放在火中燒成的，而黏土也不是眞實的，是由一堆化學物質所構成。化學物質也是不眞實的，是由分子所構成。分子也不眞實，是由原子構成的，而原子又是由次原子粒子所構成，粒子也不眞實，它是由能量所構成。所以，根本沒有磚這種東西，是我們的感官被調教過了，是小時候母親告訴我這個叫做磚，所以我就記住那是磚。既然磚不存在，那麼這個由磚所蓋起來的房子也不存在。不存在的意思不是沒有，而是說不是我們所見到的那種存在。這才是瑜伽師在觀看任何東西時的體會。因此，我們每個人感受到的苦楚、妒恨、憤怒，這些都不眞實，都是夢想。

剛才有人問，靜默是否是眞實？靜默是眞實，但是這個靜默可不光是不說話而已，而是內在最深沉的靜默。

I.10 abhāva-pratyayālambanā vṛittir nidrā

心念攀附於無所認知，是爲睡眠。

經文拆解註釋

abhāva：不在、缺少、否定

pratyaya-：認知、依緣

ālambanā：攀緣、依附、被支撐

vṛittiḥ：「心念」、心的作用

nidrā：睡眠

全段白話解讀

所謂睡眠，是一種「心念」，

它所攀緣依附的對象是一種認知的停止狀態。

這句經文有個特別的地方。前面第五經標題說「心念」有五種，其後第六經一一列出是哪五種，第七經到第十一經則是分別說明每一種「心念」。但是，只有在第十句的經文特別強調睡眠是一種「心念」，第七、八、九以及其後的第十一經的經文都沒有特別提到「心念」，爲什麼？這是因爲大家一般以爲只有顚倒、夢想、記憶等才是心地的作用，而不認爲睡眠是一種心地的作用。所以，這句經文就特別標出是「心念」，用意是強調睡眠也是一種心地的活動作用。

我們睡眠的時候，心地的作用並沒有停止，反而仍然在活動中，因此睡眠中還是可以錄到腦波的活動。我們學院中禪定實驗室的設備經過更新，有六十四個數據頻道，現在可以測量出受測者「瑜伽睡眠法」（yoga nidrā）的功力到什麼程度。我們所謂的瑜伽睡眠是腦波呈現「戴爾他」（δ）波，表示睡眠已經進入到最深沉的無夢狀態，但是睡的人仍然保持清醒覺知。

睡眠仍然是心地的一種作用。前面說過你一定要到了非智三摩地，心地才會停止作用，才會沒有「心念」。在到達非智三摩地之前，即使到了有智三摩地完全專一的境地，那個專一仍然是一種心地的作用。第七經所提到的「知量」，指的是一般感官所認知的，不同於所謂的瑜伽師的知量，因爲後者不是經由一般感官所得來的認知。心地起作用，就是「心念」還在抓住、依靠某個什麼東西沒放掉。抓住就是「依緣」（pratyaya），抓住的對象就是「所緣」（ālambanā）。

那麼睡眠時，心地起的是個什麼樣的作用，是個什麼樣的「心念」呢？這是一種「無所認知」、「不予認知」的作用，是個不容易理解的概念。經句裡面所使用的梵文字是abhāva（不在、否定、沒有）。在哲學史上，過去印度主流哲學以及佛學界的人士，曾就這個字眼不知寫過多少論著。「不在」是否能證明什麼？例如我們說，這房中沒有大象，但這證明了什麼嗎？這只表示沒有直接的認知。「不在」是很難定義的。限於篇幅，我們在此就不討論這個題目。

這句經文的「不在」不是缺了某樣東西，不是少了特定的這個或那個，而是全部的告缺。告缺了什麼？所告缺的是，一切我們處於清醒和做夢狀態時所活躍的「心念」，也就是其他幾句經（第七、八、九、十一句經）中所列出來的種種「心念」統統都是告缺的。睡眠時心地所認知的，就是那種「不在」。所以經句說，攀附於無所認知（abhāva-pratyaya-ālambanā），這種「心念」叫做睡眠。但「無所認知」仍然是一種認知，不過是「惰性」（tamas，陰闇）掩蓋了「悅性」（sattva，光明）和「動性」（rajas，躁動），並不是說這兩種質性在睡眠中不存在。此時，「心念」所認知到的只是黑暗的「惰性」，對於其他則無所認知。心地知道「我在睡」，在享受「惰性」所帶來的樂趣。沉睡中的人，就叫做「對內覺知者」（antaḥ-saṁjña）。

我們怎麼知道心地在睡眠時，還是有作用的？我們早上醒來時，自己知道昨天晚上睡得是否很好，這就是證明。但這究竟是「回憶」睡覺時自己的「經驗」，還是依早上醒過來時的感覺所「推論」得知，又是個很大的題目。論者傾向於前者，因為如果沒有那個經驗，怎麼能回憶？我們在此不詳述他們的論點。

即便是睡眠，還是一種心地的「活動作用」，是一種「心念」。在修證三摩地的路上，這種「心念」也是要受到控制的，睡眠應該要能被你自己所控制❻。

I.11 anubhūta-viṣhayāsampramoṣhaḥ smṛitiḥ

所經驗對象不遺失，是爲記憶。

經文拆解註釋

anu-bhūta-：所經驗到

viṣhaya-：經驗的對象

a-sampramoṣhaḥ：不遺失、不失卻

smṛitiḥ：記憶

全段白話解讀

對所經驗到的對象能不遺失的心地作用，

就是所謂的記憶。

這句經文的定義看起來很簡單：所謂記憶，就是我們所經驗到的事物而沒有被遺忘的。但其實，不是如此單純。我們的記憶，究竟是對事物經驗的記憶或是對事物本身的記憶？我對手錶的記憶究竟是手錶本身，還是對手錶印象的記憶？現代腦神經科學也說，記憶所記住的是對事物的印象，而不是事物本身。我們腦海中沒有任何外在事物，只有對事物經驗的印象。

你知道自己所記住的是什麼嗎？譬如說這裡有半杯綠色的水，如果把它跟半杯紅色的水混在一起，這杯水的顏色會變成完全不同於綠色和紅色。同樣的道理，在你心中已經貯藏的記憶再加入新的記憶，結果會成爲完全不同的記憶。所有的記憶都被摻雜了新的記憶成分在內，早就不是原本純粹的模樣了，所以不要信任你的記憶。如同語言一樣，記憶都是靠不住的。一件車禍發生，幾個目擊者事後的回憶都會有所出入，這是因爲目擊者所見到的印象，會混入他們各自心中原本的記憶，所以其後的回憶都是混合後的產物。

縱然你說自己的記憶力驚人，它仍然是不純的。任何印象只要一進入記憶的領域，就立刻和別的東西混合在一起。所以你所記住的任何東西，都是一種混合物，不是原本的情狀。就拿你此刻所經驗到的事情而言，你此刻聽進去、讀進去的東西，都會和已經貯存的東西混雜在一起。就我剛才講的那一句話爲例，如果要你們重新寫出來，十個人會寫成十個不同的句子。如果明天人家問，昨天老師穿的是什麼顏色的衣服，你們的答案也會不盡相同。

我重複強調一次，言語和記憶都是靠不住的，都不可信。這包括昨天你太太、你先生對你講的話，或是你父親在你七歲時對你講的話，全都不眞實。你現在或許能夠在理論上接受這個道理，但一碰到實際狀況就用不上來，而瑜伽大師則是確實能夠如此看待記憶的人。有人問我，爲什麼你不會動怒？我不動怒，是因爲我不認爲自己所經驗到的是眞實，既然知道不是眞的，又何必動怒？

有人問，我們對三摩地的經驗也是一種記憶嗎？有智三摩地是一種記憶，但是非智三摩地則沒有記憶可言。只要還有「心念」，就有記憶。有智三摩地還是有「心念」，專注於一個念頭、一個對象，心去攀緣某一個東西，這就是「心念」。到了非智三摩地就沒有了「心念」的對象，所以沒有記憶，要等到出定以後，注意到時間消逝，才明白自己剛才是在三摩地中。

非智三摩地是一種完全的覺性，但是沒有所覺知的對象。知道自己是那個覺性之力，而沒有某一個特定的對象。這個境界聽起來好像不怎麼吸引人，可是我告訴你，你現在打坐的境地才不吸引人。你只要一去到那個非智三摩地，就不會想要離開它。

或許你會問，非智三摩地既然是覺性，能覺知一切，怎麼會沒有記憶？因爲你所覺知的，僅僅是那個本我，那是最完整的覺性，而不是對任何「外在」對象的覺知，對任何不是本我的對象都無所覺知。如果你除了本我之外，還覺知到有個「別的」，那就還是在有智三摩地境界。

再多說一點，我們說「外在」是什麼意思？這都是相對的，例如身體對意念而言是外在，意念對布提而言是外在，布提對本我而言是外在的。縱使證悟到布提的人，仍然在有智三摩地。剛證到非智三摩地的人，又會退回到有智三摩地。所以，到了有智三摩地雖然已經很了不起，但是對於非智三摩地來說，它仍然算是一種「離定」，這都是相對的。當你登上中間高度的山峰，你跌下來是跌到比它矮的山峰；如果登上了最高的山峰，跌下來則是跌到中間高度的山峰。

有人問，到了非智三摩地定境的人，是否能在從事世間種種活動時，仍然保持住定境？答案是可以的，因爲高階位的境界永遠能控制低階位的境界，但是低階位的境界控制不了高階位的境界。

譯註：

❶古譯《僧佉頌》。

❷佛教也有所謂的「六十二見」，是六十二種「外道」的邪見，不過內容跟此地數論所說的六十二地獄不同。

❸根據數論哲理，「五唯」（佛經中譯為「五微塵」，就是色、聲、香、味、觸）是五種最精微的物性元素，是由「我執」衍生出來（我執則是由「布提」而來，布提是由「原物」而來）。此後又從五唯分別衍生成為五種「知根」、五種「作根」，以及地水火風空「五大」。上述再加上從我執生出來的「意根」，從原物衍生出來的一共是二十三類。連同原物及「本我」，共是二十五類，在《金七十論》稱之為二十五「諦」（tattvas），就是二十五種實在，是數論對一切靈和物的分類。

❹八種超能力分別為：變極小、變極輕、隨心可去任何遙遠地方、任何欲望都得滿足、變極大、成為自在神主、可變出任何物或讓物消失、所想所預言都能實現。

❺五知根是眼耳鼻舌身，五作根是口言語、手攫取、足移動、大小便溺、生殖。「根」就是感官作用的根源。

❻關於睡眠，斯瓦米韋達在《釋論》一書說，睡眠不是一種無意識狀態，睡眠只是表層的意識被「惰性」（陰闇性）所掩蓋。我們的這個表層意識不斷地交替呈現醒、夢、眠三個狀態，但是在人的一生中，深層意識從來不會進入睡眠狀態。

二種法門

第12～16經

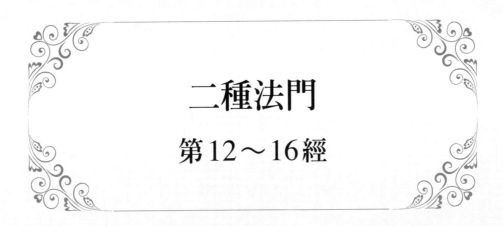

I.12 abhyāsa-vairāgyābhyāṁ tan-nirodhaḥ

彼等因習坐無執而止。

經文拆解註釋

abhyāsa-：（由於）修習坐法

vairāgyābhyāṁ：由於無執

tat：那些

nirodhaḥ：（能夠）受控、止息

全段白話解讀

那些「心念」，由於修習坐法以及無所執著的緣故，能夠受到控制而止息。

第二經開宗明義說，所謂瑜伽，就是「心念」受到控制而止息，讓心地的種種作用能夠受控得止。第五到第十一經，則一一告訴我們所謂的「心念」是哪些。那麼，我們該如何控制「心念」？現在第十二經說，必須要借助「修習坐法」與「無所執著」這兩種法門，「心念」才能受控得止。

我們的心就像一條河，可能流向美的、善的，流向瑜伽的目標「獨耀」；也可能流向不善的、有破壞性的，流向世俗的執著貪婪。

梵文abhyāsa（修習坐法）這個字通常被翻譯成簡單易懂的「練習」（practice），這並無妨，但我們需要清楚明白它在《瑜伽經》裡面確實的意思。這個字是由字首abhi-（面向某個東西）以及動詞字根ās而來；ās是坐，是āsana（坐姿，也是瑜伽體位姿勢的意思）這個字的字根，所坐的地方也叫āsana，臀部也是āsana，英文不好聽的俚俗語ass（屁股，也是罵人的話）就是從這個字來的。所以abhyāsa字面的意思是面向什麼而坐，也是一坐再坐的意思。整體的意思就是，爲了某個特定的目的，面向上師而坐，一坐再坐。查字典往往得不到一個字詞的全面意義，你要能找出這個字的字首、動詞字根，知道它的本源，才能明白它豐富的意涵。

梵文vairāgya（無所執著）字面的意思是無染著、無顏色。誰希望沒有顏色？無所執著，意思是說心不受染色。這也需要解釋。我們的心本來是一種純淨的能量，是無染的。例如一塊水晶，本來純淨而通透，如果把一朵紅薔薇放在水晶旁邊，水晶就變成了紅色。但是，水晶眞的變成紅色了嗎？水晶本身根本沒有變，可是只要紅花還在旁邊，它就呈現出紅色；把一塊綠色的布放在旁邊，它就呈現綠色。水晶還是水晶，原本通透的本質不會因而改變。我們的心，也是如此。

我們不管看見、聽見任何東西，不管是喜歡的、不喜歡的，這些都是染在我們心上的顏色，染上這些顏色就是rāga，就是貪戀。不讓顏色染上就是vairāgya，也就是不貪戀、不執著。無所執著不是說讓世間的薔薇花、玫瑰花都消失，眞正無執是明白到自心本來是清淨無染的，是外部的東西所改變不了的，知道心所呈現出來的顏色是虛幻不實的。這就是瑜伽師的心態，任何東西都不能在心中留下顏色。不是說他的記憶力不佳，只是不受染污❶。

有人問，我們的心是如何反映出外在的一切呢？你如何能在鏡中見到自己的面目？答案是：要有鏡子，還要有光。沒有光，就無法反映。所有外界事物都是你心中反映出來的，那麼光是哪裡來的？那個就是純淨自性本我的光，照在心這面鏡子中，所以你才見到一切事物，對一切有所感覺、知覺，都是靠著光才起作用。光一定有光源，這個源頭是什麼？就是自性本我，就是那覺性，而這是目前科學還不能證明的，你在這個階段只能靠推論來理解。以後，當你有了「瑜伽士所證量」就可以直接實證到。

I.13 tatra sthitau yatno'bhyāsaḥ

此中，致力於得止者，是爲習坐。

經文拆解註釋

tatra：此中（此二者中）

sthitau：關於靜止穩定

yatnaḥ：致力於

abhyāsaḥ：修習坐法

全段白話解讀

習坐和無執這兩者之中，

習坐是致力於得到靜止、穩定。

前面我們解釋過習坐的意義，此地這句經說，習坐就是在致力、用功、努力，以達到穩定，進而能靜止。梵文sthiti是維持穩固、穩定，也可以翻譯成靜止。我們打坐起來，剛開始還能持咒，隨後就想起一連串事情，有什麼衣服要洗、有哪些東西該添購、有哪些人在詛咒我，我們沒法穩定地留在一個單一的念頭狀態。習坐就是反覆地去做、去練，直到你可以穩定地待在那裡，而且想要停留多久都可以，那就到了靜止狀態。這個字的動詞字根是stha，意思是停留、停定，英文字的stay、stable也是由此而來。

帕坦伽利不是瑜伽哲學的創始者，瑜伽的哲學理論基礎是數論。數論哲學是由Panchaśhikha所傳出來，他的師父是Asuri，師祖是Kapila。而數論以及瑜伽的源頭始祖是Hiraṇyagarbha（金胎藏❷）。我們喜馬拉雅瑜伽傳承就是奉金胎藏爲始祖，下傳到帕坦伽利，依次傳到威亞薩，再輾轉傳到我們的上師斯瓦米拉瑪。金胎藏的意思是如金的子宮（胎藏），不是某個個人。

我們學習瑜伽還要明白一個觀念，瑜伽哲理中沒有所謂個人的個體心存在。心是一個整體，而我們誤以爲自己有個個體心。打個比喻，這現象就如同某個燈泡在發亮，燈泡能發亮是因爲通上了電，整個電網內所流動的電能是同一個電能。電能流過燈泡，也流過電熱器、電扇、冰箱、電視。電能是一整個的，不能區分爲屬於個別電器的。電能比喻的就是心，心也是沒有個別的。如果你不明白這個道理，就不會懂瑜伽，就不能成爲我眼中的瑜伽老師。你可以學會所有的表面技巧功夫，學會怎麼靜坐，但是除非你親自初嘗到這個整體的一心，梵文稱為「集體心」（samaṣhṭi-chitta），你就還不是我眼中能夠帶人靜坐的老師。心，是整體，是遍及一切的能量場域。不論你把這個燈泡或是那個燈泡接通電，電能都是同一個。我們每個人肩膀上所扛著的這個頭顱、那個頭顱，通通都是接上同一個整體的能量，都是屬於一個整體的心力。

現在你有這樣、那樣的疑問，是因為你還沒有證到這個境地，一旦你親證了「集體心」，就不會再有這些疑問。你現在學習、思索的作用，都不過是腦力的體操，只是一種個別的智性活動，如同某個在發亮的燈泡。能使個別燈泡發亮，能使個別智力起作用的，是集體的電能，是集體心。

相對於集體心的是「個體心」（vyaṣṭhi-chitta）。其他印度的哲學派別，例如「勝論」（Viśheṣhika）就主張有個體心。同樣的，布提也分集體布提（整體的智覺）及個體布提（個體的智覺）。前面說的金胎藏就是集體布提、「大」諦[3]（mahat tattva），以後我們談到宇宙世界起源時再解釋。

這裡提醒你們當老師的，每次你在教課時一定要注意，寫在黑板上的東西要讓坐在後排的人也能看到，要讓坐得離你最遠的那個人能聽得到你、能聽懂你。很多人在教課時，習慣只看前幾排的人，不去注意坐在後面的人。學習做老師最基本的事項，是要永遠注意到最後一排的人。當你跟學生一起靜坐的時候，不要認爲有個體心。帶學生靜坐的老師要將自己的個體心連上集體心，然後經由集體心和學生相連結，那才是眞正把學生帶入靜坐境界。否則縱然你教會學生種種靜坐的表面技巧，他們還是不能進入靜坐。瑜伽老師應該要不斷地修練、加強自己的靜坐功夫，他的教學才能有效果，才能帶領學生走上修練的途徑。

很多人發心想成爲教人靜坐的老師，就來問我他們是否可以出去教人。我說：「你只教你已經懂了的部分。」我的意思是，你有多少本事，你注意力能專一到什麼程度，就只能教到什麼程度。眞正教人靜坐，就不能有「我在教學生打坐」的念頭，甚至連有學生坐在你面前的想法都沒有。只能有那個集體心，沒有其他。

有人問，靜坐老師和瑜伽老師的區別何在？答案是：眞正的瑜伽老師一定也是靜坐老師。舉個例子，以前老式汽車在發動時要站在車外用力旋轉一根曲軸，這就像那些以爲瑜伽只是走體位法、呼吸法等外家功夫的老師。眞正的瑜伽老師、靜坐老師，是坐在車內按鈕轉鑰匙，從車內去發動汽車。明白這個區別了嗎？

眞正帶人靜坐的老師，是能夠連結上集體心的老師，那個集體心就是金胎藏，就是瑜伽之道的源頭。古人說，只有金胎藏才是瑜伽老師，你我都不是。所以，當瑜伽老師的第二條守則是：不要認爲自己是瑜伽老師。只要你有「我是他們的老師」這個想法，你就不算是個老師。那個在你之外的力量，才是老師。所以要放下自己，讓上師的能量場流經你，透過你來教導。要做到這一步，你自己就需要多多靜坐，多多修練。

剛才有人問，數論哲學中的本我和原物是集體，還是個體？本我是本覺，原物則不是本覺。有人說數論主張本我是個體的，其實並不盡然。數論和吠檀多哲學是融合的，本我的理和「梵」（brahman）的理是會相逢的，在我那本名爲《神》的書中就這個道理有詳盡的說明。

所謂「神」（Iśhvara）並不是「心」，不要搞混。我們所說的心終究是個物。心並不是本覺之力，不是本來有覺的。心之所以似乎是有覺，完全是因爲借助了那至上之「神」力所致，不論你稱之爲神也好，還是其他名號都行。心是物質的能量，因爲它是一面鏡子，能夠反映、折射太陽的光，不是自己能發光。所以如果鏡子起了霧，不夠明澈，就不能清楚反映出太陽的光。這一點和西方哲學觀念根本不同，他們認爲心和物是對立的，不認爲心就是物。數論哲學則認爲心是由物所衍生而來。

我們說你在教人靜坐時必須要連結用上集體心，可是這集體心本身終究還是物，不是本覺的力。集體心也只是反映了神的光。太陽只有一個，但如果這裡有十面鏡子，所有的鏡子裡面都有個太陽，那是同一個太陽反映在所有的鏡子中。要用這個觀念教人靜坐，要教的就是這個。教人靜坐的姿勢、呼吸、持咒、觀想等等都很好，但這些都還只是技巧、訣竅，終歸不是禪定靜坐的體驗。

集體心是上師的載具，是個集體的載具。最終極的上師是「神」，但是離我們最近的上師是金胎藏，是第一位上師，也就是基督教所稱的聖靈。唯一的老師，就是集體心。

我們來看一下威亞薩是如何註解這句經文中的文字。他說：「穩定靜止的意思是，心在沒有『心念』的情況下平靜地流動。」沒有「心念」是指除了所專注的對象之外，沒有其他雜念的「心念」，不是完全沒有「心念」。

他對「致力」所下的註解則是「精力」和「興致」。在消沉沮喪中靜坐，根本算不上是靜坐。

至於「習坐」是什麼意思？威亞薩解釋說：「是發心、精進不懈地以從事某種手段，來達到一定的目的。這個目的即是穩定、靜止」。

我們在進行文字註解時要記住，經文中的文字是可以有好幾層不同意義的，梵文的一個字不只是一個字而已。

有人對我說他在靜坐時，持咒到了只剩下一個「心念」。我說，如果眞到了只剩下一個「心念」，那就恭喜你了，一般人還做不到。你在心中持咒，就是一個「心念」。如果手上還在轉念珠，你要動好幾根指頭來轉，那又是幾個「心念」？我們日常心中所起的「心念」不知道有多少，如果你能把四萬個「心念」減少到例如只剩下四個，再下來，連念珠都不轉了，你甚至連念珠從手中滑落了都不知道。

我告訴你們一個故事。我非常喜歡抓著自己的念珠隨時持咒，這是一種習氣。我的上師告訴我，你不必再使用念珠，直接進入禪定就可以了。可是，我有時候仍然喜歡用念珠。記得在他圓寂幾個月之後，我乘車從學院去德里，這段路程要用上六、七個小時。我坐在駕駛座旁邊的位子上，就利用這個時間來持咒。我平日非常忙碌，所以任何空檔都不放過，搭車的好幾個小時是天賜良機。我不會坐在車上東張西望或是胡思亂想，所以碰到大塞車，我就暗自慶幸，又多出時間來靜坐了。搭飛機時如果航班延遲，我更歡迎。在候機室、在飛機上不會有人打電話給我，不會有人來求見。我住在美國的那些年，經常要搭飛機東奔西跑，所以我常說自己的靜坐功夫，有一半是在美國機場等飛機時練出來的。每當遇到航班延遲，我就心生歡喜，做功夫的機會又來了。所以，看你要怎麼利用人生，不要說自己沒時間。

講回到念珠，當我搭車到了德里，可是手中的念珠卻不見了。我在座椅下面、椅子兩邊的縫隙找遍了，就是找不到。我非常沮喪不安，那串念珠是上師賜給我的，這下怎麼辦，難道說我有什麼地方冒犯了他？那天晚上，我躺在床上幾乎睡不著，就在半夢半醒間，腦中見到一個景象：我來到了上師的山洞，洞中一角有一堆念珠，我的念珠就放在那一堆的最上面。後來我從德里搭飛機去了歐洲，然後再到美國。在美國明尼亞波利斯市停留的某天，我和一位同門師兄弟共進晚餐，席間他忽然告訴我：「你知道某某人（也是我們的師兄弟），他最近說自己的念珠被上師偷走了，給收回去了。」我聽了先是一驚，繼而大笑不已。我本來對自己失去的念珠放不下，現在放下了。

這些大師眞是天威難測，你不知道他會做出什麼事出來。如果你只想過著平淡無奇的日子，那就不要跟上師，因爲他只會一直找你的麻煩（一笑）。我的上師不停地找我麻煩，可是我很少找我學生的麻煩。有時候他甚至會質問我，你爲什麼不找你學生的麻煩？你不給他們出難題，要他們如何淨化自己？所以，等哪天，當我開始找你們的麻煩，可不要怪我，我只是遵從上師的命令。

I.14 sa tu dīrgha-kāla-nairantarya-satkārāsevito dṛiḍha-bhūmiḥ

然彼需長時間無間斷誠心遵從，以達堅實地。

經文拆解註釋

saḥ：彼、那個（習坐）

tu：然而

dīrgha-kāla：長時間

nairantarya-：無間斷

satkāra-：虔誠

ā-sevitaḥ：徹底遵從

dṛiḍha-bhūmiḥ：（成爲）堅實地

全段白話解讀

然而，修習坐法必須要長時間、無間斷，

以虔誠的心態遵照指示去做，才可以立於堅實境地。

然而，前面所說的習坐，究竟需要花上多少時間呢？經文說，需要很長時間，不能間斷，而且要懷著虔誠的心態去做。如此去練，才能到達堅固之「地」（bhūmi）。從前有位婆羅門修行者，名叫善慧（Sumedhā），他決心一定要在將來某一世證到菩提正果，立誓自己終有一天要開悟。五百世後，他生爲太子悉達多（Siddhartha），其後證道成爲佛陀。這中間經過了五百世之久，多麼漫長！

satkāra（虔誠）這個字包含了以下四個意義：

- 苦行（tapas），詳盡的意義在《瑜伽經》第二篇的第一、第三十經有解說。苦行又分身、語、意三種，可以參考《薄迦梵歌》第十四、十五、十六篇，對什麼是身的苦行、語的苦行、意的苦行，都有詳細的解釋。意的苦行又有好幾種，第一個就是清淨心，這也就是《瑜伽經》第一篇第三十三經所說的「清明愉悅心」（chitta-prasādana）；其餘四種意的苦行，分別是平和、靜默、自我控制、淨化情緒。

- 梵行（brahmacharya），詳盡意義見第二篇第三十經。許多人將梵行解釋爲禁欲，這還不夠全面。所謂梵行，是與神（梵）同行，神隨時在你心上。能夠做到這一步，生理上自然會做到節欲。能聽從上師的指引，將神放在心上、與神同行，才是眞梵行。

- 知識（vidya），是指有正確的理論、正確的技巧、正確的學習，以及正確的解說。

- 信心（śhraddhā），是指對神的信心、對上師的信心、對自己的信心、對自己修行的途徑有信心，以及知道前人能夠悟道而對自己也能悟道有信心。

ā-sevitaḥ（徹底遵從）是個非常關鍵的字，《瑜伽經》使用哪個字都有特別用意，不是隨意的。這個字來自印度醫學阿育吠陀，原本是用藥的意思。醫生給你開藥，你要遵照指示服用，不可中途停用，也不可三天忘記服藥，然後到了第四天一次吃下四天的份量。你好幾天沒有靜坐，也不可以後來一次補足。

能如此，你的靜坐修練才能立於堅固的「地」，才能腳踏實地。前面說心地有五個「地」，五個層次。我們所要的堅固的「地」，不是這五地中的前三「地」，而是第四和第五「地」（也就是「專一」和「止息」）。威亞薩說：「堅實地就是不被『離定心印習氣』（vyutthāna-saṁskāra）打倒。」離定心，就是靜坐時心中坐不住，想起身離開定境，老是起妄念雜念的習氣。

修練的人不論上到了哪一地，都如同登上了一個新的高地，要能穩固堅實自己的境地，以後才可以隨心所欲去到這個新的高地。久而久之，那個新的高地就會成爲自己平日的境地。

I.15 dṛiṣhṭānuśhravika-viṣhaya-vitṛiṣhṇasya vaśhīkāra-saṁjñā vairāgyam

於所見所聞對象不動心，精於此者稱爲無執。

經文拆解註釋

dṛiṣhṭa-：所見、感官所覺知的

ānuśhravika-：由傳承或經典聽聞而知

viṣhaya-：所覺知的對象

vitṛiṣhṇasya：失去興趣的人

vaśhīkāra-：熟練、精通、完全控制

saṁjñā：稱呼、定義

vairāgyam：無所執著

全段白話解讀

有人能不受感官覺知的對象所誘惑，
即使對經典中聽聞而知的神妙境界也不感興趣，
而且充分做得了主，叫做無所執著。

第十二句經說「習坐」和「無執」是控制「心念」的兩個必要法門；第十三、十四句經告訴我們什麼是「習坐」，如何修練。現在第十五、十六句經開始解釋「無執」。

我們所覺知的「對象」有兩種，一種是眼耳鼻舌身等感官所直接覺知的，是具體的對象；一種是抽象的，我們沒有直接經驗，是聽聞而來的，例如天光、天樂、天人身上的香味，這些是要由精微身的感官來體驗的，在第一篇第三十五經有解說。但是，這種體驗跟開悟沒有關係。有人在靜坐時看到耀眼的華光、聽到天音，就以爲自己開悟了，自以爲了不得，馬上開班授徒。若是有這些體驗，你不要理它，要把它放掉，再往前走。你可以懷著感恩的心，謝謝無論是哪一位天人讓你有所感應，讓你生起信心，但這不是你所要的，請天人繼續帶領你前進。大多數的人沒有這些體驗，他們是經由聽聞而知。如果經驗到了，也還是一種感官覺知，是精微身的感官所覺知到的。當然如果你見過了，你對何謂「眞實」的觀念就會有所改變。

vitṛiṣhṇasya的意思是，對所有這些對象都失去興趣的人。tṛiṣhṇa是貪求、渴望，英文的thirst（渴）就是來自梵文渴的字根tṛiṣ。當他能夠完全控制對這些對象的渴求時，這就是無所執著。「無執」這個詞有很多層的解釋，在這個初階的課程，我們就不多說。

I.16 tat paraṁ puruṣha-khyāter guṇa-vaitṛiṣhṇyam

彼至尚者因明辨本我，於一切質性皆無欲求。

經文拆解註釋

tat：彼、那個（無執）

paraṁ：至高、超越的

puruṣha-：本我

khyāteḥ：（因）明辨

guṇa-：（原物之）質性（悅性、動性、惰性）

vaitṛiṣhṇyam：離一切欲

全段白話解讀

終極、超越的無所執著，是由於明辨證悟了本我，因而能得解脫，對一切原物的質性不再有欲望。

前面第十五句經所講的無執，是屬於較低層次的無執（apara-vairāgya），第十六句經則是終極的無執（para-vairāgya）。低層次的是此岸的，終極的則是超越此岸的。終極無執是超越的，是由於辨認了本我，證到了純然的本我覺性，所以對於原物質性的一切興趣都停止了。

這裡還是牽涉到數論哲學的名詞和觀念，所以學習瑜伽就要學習數論，如果對數論哲學還不能掌握，就無法充分理解瑜伽。原物的三質性是悅性、動性、惰性，一切宇宙世界的形形色色，都是由這三種質性依種種不同比率組合而來的衍生物。原物（prakṛiti）則是宇宙還未形成之前的狀態，其他統統算是原物的「變異」（vikṛiti），都是由原物輾轉次第演化生出。我們目前所迷戀、所執著的，例如我執、五大、五官的對象等等，都屬於變異，我們被它們所迷就是受到束縛。

一旦修到了三摩地，就不再會對這一切感到興趣，即使對最精微的原物形態也不感興趣，那就是終極的無執，也就是解脫（mokṣha）。印度哲學所謂的創世論（creation）主張：宇宙世界的起源，是由於本我和原物的相逢。西方科學所主張的進化論（evolution），認爲越是演化覺性就越高。相反的，印度哲學認爲萬物越是演化，就離本我覺性越遠，覺性只會越低❹，所以演化其實是退化，而不是進化。

或許有人會問，到了如此終極無執的境界，是不是就會無法爲眾生貢獻服務？不是的，到了這個境界，眞正的奉獻服務才要開始。終極解脫開悟的人，對於會束縛我們的種種欲望不感興趣，可是他仍然要利用身體來爲眾生服務，爲還沒有得到解脫的眾生服務。除非你能夠徹底無執，否則你就無法眞正爲眾生服務。

威亞薩說：「能終極無執的人，就會生起純眞的智慧，就有明辨力，他覺察到自己：

- 一切應該成就者，都已經圓滿俱足；
- 一切引起煩惱者，都已經徹底消失；
- 此後永遠不再墮入無盡的生死循環。

所以，最終極的智慧也就是無所執著。而緊接著這個終極無執的就是獨存」。

在《薄伽梵歌》中，克里希那也有相同的說法。這樣的人雖然外表是有作爲的，可是他完全無住無著，心是完全無所執著的。

很多人埋怨自己的人生不如意，和家人處不來，就想離家出走，找個恆河邊上的修道院住下來，什麼也不做。我何嘗不想？但這是不切實際的，只要這個宇宙世界還存在，你就要工作。只要世上還有無明，你就要工作。但是一旦有了最終極的智慧，工作就不再是工作，不再是苦差事。

我的人生哲學是，不快活的事絕對不幹。所以，我一生都處在度假的心情中。日常生活上，我沒有時間坐下來思考這事是否應該做，內在有股力量自然會替我決定是否該做。

譯註：

❶ 對於梵文vairāgya這個字，譯者以前都譯成捨離、出離，也有讀過被譯成厭離。近來反思斯瓦米拉瑪和斯瓦米韋達的教導，益發覺得他們所強調的是不執著（detachment），而不是厭棄捨離。不執著仍然是入世的，能用物而不役於物；而厭棄捨離則是「出家」（saṁnyāsa，renounciation），拋棄一切。

❷「金胎藏」並不是個有血肉之軀的「人」，而是孕育出萬事萬物的源頭。胎藏就是子宮的意思，金表示尊貴高尚。請參閱斯瓦米韋達的書《神》（*God*），其中對金胎藏的意義有詳盡的闡述。

❸ 這都是數論中的分類觀念。

❹ 印度哲學，例如數論所主張的演化，並非「進化論」的物種演化，不是由單細胞變成多細胞，最後演化成人類；而是由無形狀的原物一步步演化成較粗重的覺念、意念、感官、五大元素。

首瑜伽和次瑜伽

第17～19經

I.17 vitarka-vichārānandāsmitā-rūpānugamāt samprajñātaḥ

尋、伺、樂、我所伴者，爲有智三摩地。

經文拆解註釋

vitarka-：尋、粗心念

vichāra-：伺、細心念

ānanda-：喜樂

asmitā-：有我

rūpa-：本質、有形、色（之）

anugamāt：由伴隨（之）

samprajñātaḥ：有智三摩地、較低層次的三摩地

全段白話解讀

仍然有粗心念（尋）、細心念（伺）、喜樂及有我出現的，是屬於有智三摩地。

第十七、十八、十九句經非常深奧，由於我們本次所開的課程是屬於初階學習，所以就略過不加解釋，也不帶大家念誦。在此，就只提一下經文的字面意思。

這一句經是說，所謂「有智三摩地」分爲四種，分別是伴隨著粗心念（尋）、細心念（伺）❶、喜樂念，以及本我與原物結合的有我念。

譯按：第十七　、十八、十九句經是《瑜伽經》極其重要的經句，斯瓦米韋達受到課程時間的限制，以及考量到絕大多數的聽講學員可能一時無法消化這些內容，所以略過不講。但如果是出書的話，他絕對不會同意在這裡留下空白。因此，譯者根據他的《釋論》對這三句經的闡釋（原文共五十七頁）摘要翻譯，增補內容於下。

《瑜伽經》第一篇從這裡開始，到最後第五十一句經，都是在講兩種三摩地。第十七句經說有智三摩地可以分爲四種；第十八句經則指出還有另一種三摩地（就是非智三摩地）；第十九～五十句經的主題都是繼續說有智三摩地，間或略微提到非智三摩地；一直到了第一篇最後的第五十一句經才再回到非智三摩地。

由於前述的兩種法門（「習坐」和「無執」），修行者的心念得以「止息」，接下來，「有智三摩地」是如何生起的？經文說，有智三摩地共有四種，依序分別是有尋三摩地、有伺三摩地、有樂三摩地及有我三摩地。

「有智」是梵文samprajñāta的翻譯：

sam：正、恰當、深、諧和

pra：向前、擴展、完善、全面

jñāta：知

samprajñāta字面意義是「正知」，是由於不斷地專注，而對心念所專注對象的本質有了正確、全面的了知。這個了知就是「般若」（pra-jñā）智慧。

有智三摩地和非智三摩地的區別，在於前者仍然需要有個專注的對象。這個對象有個特殊的名詞，叫做「所緣」（ālambana），就是「心念」所攀緣、所依靠支撐的對象。要到了超越有智三摩地，進入「法雲三摩地」（dharma-megha-samādhi）以及其後的非智三摩地才會沒有「所緣」，才會沒有專注對象。

數論哲學的「原物」，以及它所演化出來的物（共分二十三類衍生物），都可以做為「所緣」，做為「心念」專注的對象。至於數論體系中屬於「本我」的兩類（終極本我及個體的靈我），就不是心能抓得住的對象。換言之，這兩類不能成為心所專注的對象，不是「所緣」。有些論者認為所有二十六類都可以是「所緣」，我們不同意。

有智三摩地是專注於所緣的對象，而到完全了知（也就是實證）所專注對象的本質。但這仍然不是終極的開悟，至多只能生起《瑜伽經》第三篇所說的種種「神通成就」現象。然而神通或特異功能，不是瑜伽修行者的最終目標，反而是障礙陷阱。

那麼，要一步步實證四種有智三摩地，層層突破，究竟目的何在？它的目的在第一篇的第十五、十六句經：要對每一層的物質演化都能無所執著，知非即捨。到了每一層，修行人明白還有更微妙的層次在後面，因此不會迷戀執著於那個境地。完滿證得某一個層次，自滿於某層次的三摩地，會令修行者無法到達「獨耀」的終極解脫境地。在證到某個地步之後，要能無執，才能繼續前進❷。

在此，要提醒讀者的是，有智三摩地所專注的對象，尤其是第一階段有尋三摩地所緣的「五大種」，特別會令人誤會所緣的對象是外在堅實的「地」，或是具有「地」的形態之物。我們要記住，對外在世界有形之物的認知，是「心念」的一種，是第七句經提到的「證量」中的「知量」（pratyakṣha-pramāṇa），是需要受控得止的。而把這個認知留在心中，是第十一句經所謂的記憶（smṛiti），這也是一種需要受控的「心念」。所以，不是有智三摩地所專注的對象。

三摩地所謂的專注，是融合、合而為一的境地，是上述的某一種演化物在心中的主觀對應成分，與客觀世界的對象融合、合而為一❸。

有尋三摩地（sa-vitarka samādhi）是「粗念」三摩地。粗念，是因為它所專注的對象是原物所演化的二十三類中最後段、比較粗的部分。以學習射箭為例，就要從比較大、比較明顯的箭靶開始；修行瑜伽者也要先訓練把專注力放在比較粗的對象，然後才容易專注於更精微的對象。數論分類中的十六類「有別」（viśheṣhas：意根、五知根、五作根、五大種，合計十六類，請參閱本書附錄「數論哲學概要」）以及任何有具體形象的神之化身，都可以是有尋三摩地的「所緣」。vitarka這個字原本意義是詳細檢視任何物件，但是在

《瑜伽經》此地的意義僅限於對十六類「有別」的檢視。功夫越深，對於所緣對象的認知就越深，而最後的實證，是在一念間(1)了悟所緣對象的全面、部分、過去、現在、未來、隱藏的、顯現的、已知的以及未知的所有性質；(2)所緣的對象、認知的感官根、認知的心，三者融合為一；(3)維持這個狀態不斷，就是有尋三摩地，是本篇第四十一句經所謂的「所執取三摩鉢地」（grāhya-samāpatti），它所執取的對象（grāhya）都在粗身之中。它可以進一步再分為有尋（sa-vitarka）三摩地、無尋（nir-vitarka）三摩地（第四十二、四十三句經）。

有伺三摩地（sa-vichāra samādhi）。vichāra在字典的定義是分析審思，但是分析審思是屬於第七句經的「比量」（anumāna-prmāṇa），或是第二篇第三十二句經的「自習」（svādhyāya），兩者都是早在進入三摩地之前就該超越的「心念」。vichāra這個字由vi和字根char組合而來，表示漸進的動作。此地的特別意義是，心念由專注於粗大的對象移向專注於精微的對象。瑜伽修行者在上一階段的「有尋三摩地」完全實證了悟十六類「有別」對象，明白它們是最粗的物質，是「果」，對它們不再執著。修行人轉而專注於更細緻精微的「因」，也就是以六類「無別」（a-viśheṣhas，即

「我執④」加上「五唯」，合計六類，請參閱本書附錄「數論哲學概要」）爲所緣的對象，而主要是五唯。至於「我執」則是更進一層三摩地的所緣對象。實證「有伺三摩地」在一念間所要了悟的，和上述「有尋三摩地」相同，它所執取的對象（grāhya）都在精微身之中。有伺三摩地也是第四十一句經所說的「所執取三摩鉢地」，可以再細分爲有伺（sa-vichāra）三摩地、無伺（nir-vichāra）三摩地（第四十二、四十三句經）。

有樂三摩地（ānandānugata samādhi）。此處的「樂」（ānanda）並不是終極本我「梵」（Brahman）的「樂」本質，而是由於「悅性」所引起的。悅性，是原物（以及所有從原物演化出來的物）的三個質性之一。瑜伽修行者證到了「有尋三摩地」以及「有伺三摩地」之後，明白這些「物」所帶來的喜樂並非眞喜樂，因爲這種低層次的喜樂恰恰是苦因，反而是一種束縛，我們因爲執著於它們才一直不停地輪迴。修行人明白到更精妙的層次還在後面，所以不會執著於這些喜樂，要精益求精，讓各個演化物一一回溯融入到它們各自的「因」中。當回溯到「我執」（ahaṁkāra）層面，此時「動性」和「惰性」都遠不及「悅性」明顯。修行人專注沉浸在悅性中，就是有樂三摩地。此時只剩下一個心念：

「我在喜樂中。」有些修行人到此地，感受到無比喜樂，甚至產生神通，就以爲自己功夫到頭了，其實還是在物的境地，離「梵」的樂本質還很遙遠。有樂三摩地的所緣對象「我執」，是在精微身之中。有樂三摩地也是屬於第四十一句經中的「執取三摩鉢地」（grāhaṇa-samāpatti）。但和前兩個層次的三摩地不同之處在於，它不可以進一步再分爲有樂（sānanda）三摩地、無樂（nir-ānanda）三摩鉢地。

有我三摩地（asmitānugata samādhi）。修行者在有樂三摩地，由於徹底了悟「我執」而捨離「我執」，到這個境地，所有粗顯的演化物都已經消融，只剩下「大」（mahat）。「大」是最先由原物演化出來的，除了自己，沒有其他的對象可專注。它是「微徵」（liṅga-mātra），僅有少許些微的徵象。前面提到，有智三摩地是一種融合、合一，專注的心和所專注的對象融合爲一。而有我三摩地，是這個融合過程的最精緻階段。「有我」是「人」的最初狀態，是人剛剛意識到「我存在」的第一覺，本我的光反映在布提這面鏡子中。它是靈和物「似乎結合」的初始狀態，然後開始次第演化出心念萬物。反過來說，修行也要回溯到這裡，才能結束靈和物的「似乎結合」。我們要等到《瑜伽經》第二篇第六句經，才對什麼是「有我」做詳細解釋。在有我三摩地，所證悟的是「大」，它是第四十一句經中的「執取者三摩鉢地」（grāhītṛi-samāpatti），不可以進一步再分爲有我（sāsmitā）三摩地及無我（nir-asmitā）三摩鉢地。修行者到此徹底認清本我和「大」是分離的，所證悟的就是「明辨智」（viveka-khyāti），從此不再將本我和原物混淆爲一。但是，這還不是最究竟的三摩地。誤把這個地步當作最終境界的修行者叫做「已融原物行者」（prakṛiti-laya yogi），雖然他已經將原物所有的演化物回溯消融於原物中，但是還沒有證悟到本我。

以上四種有智三摩地，都還要有個「所緣」的對象爲心念的依託，都還有個執著，它們也就被稱爲「含種三摩地」（sa-bīja samādhi）（詳見本篇第四十六句經）；到了非智三摩地才是「無種」（nir-bīja）（見本篇第五十一句經）。

在本篇第一句經的解釋中，曾經列舉了五種心地狀態，現在第十七句經所講的四種有智三摩地，構成了那五種心地狀態中的第四種心地狀態：「一心」（ekāgra），專注於一點，也就是它們所緣的對象。

再下一步的境地，是「法雲」（dharma-megha）三摩地，比喻法德智慧有如雨雲，修行到這個地步的人，所有智慧會像雨水般自動降臨於他的心中（詳見第四篇第二十九句經）。法雲三摩地之後才是「非智三摩地」（asamprajñāta samādhi，本篇第十八句經），也就是最終的三摩地境地。

I.18 virāma-pratyayābhyāsa-pūrvaḥ saṁskāra-śheṣho'nyaḥ

必習坐至依緣之止息，僅有心印之殘餘留存，是為另一。

經文拆解註釋

virāma-：止息

pratyaya-：依緣、認知、因緣

abhyāsa-：習坐

pūrvaḥ：前題

saṁskāra-śheṣhaḥ：殘留心印

anyaḥ：另一個

全段白話解讀

另一種三摩地是非智三摩地，

前提是修習靜坐到心無所依緣，僅有殘餘心印留存。

非智三摩地是修習靜坐到了不再去攀緣，到了認知、攀緣的「心念」都止息了，辨別出本我和原物是分離的，此時只有過去殘留的心印存在，不再形成新的心印。

編按：以下爲譯者的增補內容，非本書作者斯瓦米韋達課堂親述。

回顧有智三摩地的最後二階段三摩地：

- 在「有樂三摩地」，心認定一個念頭：「我在喜樂中」。
- 在「有我三摩地」，心所認定的，是由於本我反映在布提中而產生的念頭：「有我」、「我存在」。

這些念頭仍然是心的「所緣」，只要還有這些「心念」存在，就還沒有進入到「終極無執」，也就還沒有到最高的三摩地。第十八句經其實是在回答兩個假設的問題：

1. 該用什麼方法才能修成非智三摩地？
2. 這個最終三摩地有何特徵？

修習的方法是終極無執。如果仍然依靠所緣，只要心仍然有所「依緣」（pratyaya），還要依靠個什麼對象，那就還沒有徹底無所執著，就無法修到非智三摩地。因此，方法是無所依緣，不再有專注的對象，就是到了依緣「止息」（virāma）的狀態。「習坐」（abhyāsa）必須要到了這個地步，是修證到非智三摩地的「前提」（pūrvaḥ）。這也就是這句經的前半句：「必習坐至依緣之止息」（virāma-pratyayābhyāsa-pūrvaḥ）。反覆、無間斷地放下一切執著，揚棄對一切心念的依託，連「有我」這一念都放下，任何心念一起，就要喝斥「此非、此非」（neti, neti）。

非智三摩地的特徵是，心念不起，所有心念都已「受控止息」（nirodha），不再造出新的「心印」（saṁskāra）。因爲心念不起，不動念就不會留下心印，就沒有「業」（karma），不會滋生「煩惱」（kleśhas），只剩下本句經所謂的「殘餘心印」（saṁskāra-śheṣha）。殘餘心印不會再起作用，意思是它不會再生出新的心念。修行者到了這個境地，是完全不動念，在定中、在日用中都是如此，心是一種「無存」（abhāva）的狀態。「無存」並不是「沒有」，而是心不動念，本我完全沉浸於自性（本篇第三句經），所以心根本也用不上。這個狀態又稱爲「無心瑜伽」（a-manaska-yoga），才是本篇第二句經所說的眞正徹底的心念止息。「無心」（a-manaska）並不是佛教獨有的講法，很多瑜伽和吠檀多的經典都一再提到「無心」。

因爲不再留下心印，所以非智三摩地是「無種」（nir-bīja）三摩地（見本篇第五十一句經）。

I.19 bhava-pratyayo videha-prakṛiti-layānām

無身、融於原物乃依緣再生。

經文拆解註釋

bhava-pratyayaḥ：依緣再生轉世

videha-：無身

prakṛiti-layānām-：消融於原物

全段白話解讀

已修練三摩地至無身、融於原物境地之人，
因再生轉世而有的三摩地，是屬於有智三摩地。

這句經是接續第十七句經對有智三摩地的論述，也有論者主張連第十八句經的非智三摩地也分這兩類，但我們不同意。有智三摩地又分兩類：緣修而得（upāya-pratyaya），以及緣生而得（bhava-pratyaya）。

前者是今生要藉助修行❺才能得三摩地；後者則是前世已經修證到有智三摩地，所以這一生一出世就自然有三摩地，也就是本經所指的有智三摩地。

我們怎麼知道某個人前世是否有修行？最簡單的方法，就是看這個人的個性是平和的，或是擾亂不安的。例如一班三十個學生當中，有二十五個人是久久無法放鬆的，有五個人一下子就能進入放鬆境界，這五個人很可能前世就有點修行的基礎。我自己從小就自然知道如何放鬆，一直到了相當年紀遇到了我的上師，他教我練放鬆法，居然跟我自己本來就會的放鬆法一樣。到此，我才知道原來這個狀態是一種瑜伽功法。同樣的，我從小就會進入瑜伽睡眠，也是直到後來才知道原來這叫做瑜伽睡眠法（yoga nidrā）。這大概是前世我就學會怎麼做的緣故吧！

編按：以下爲譯者的增補內容，非本書作者斯瓦米韋達課堂親述。

有兩類前世修行已經有相當成就的人：一是「無身」（videha）；一是「融於原物」（prakṛiti-laya）。至於這兩類人的修行到了什麼地步，卻是眾說紛紜。我們以爲，「無身」是證到了「有樂三摩地」，而「融於原物」是到了「有我三摩地」。他們能夠「緣生而得」（bhāva-pratyaya）三摩地，能夠一出生就有三摩地境界，但仍然是屬於有智三摩地，所證悟到的還是原物。他們就停頓於此，還沒進入到非智三摩地，還沒有破除根本無明，所以沒能證到終極的本我。威亞薩甚至說，這類人還不能算是瑜伽士（yogi），他們的境地只能說是「近似瑜伽」（yogābhāsa），不是正瑜伽。他們因無所執著而得到的喜樂感受，是一種沾沾自喜。威亞薩稱之爲「無執而喜行」（taušhṭika-vairāgya-saṁskāra），等到這股「行」的勢頭力道用盡了，他們還是得投胎重回人世再修。有如青蛙在乾旱時處於休眠狀態，遇到雨季才現身。

「無身」是說在世時，修行到不再迷戀此身，從「五大種」到「我執」都因了悟而放掉，也就是對「粗身」和「精微身」都不再執著。這種人在世間壽命終了後，會維持無身，成爲「無身天人」（videha-devas）。

「融於原物」（prakṛiti-laya）則是更進一步，心已經完全消融於原物，所有的演化物都已經消失，修行人以爲自己已經到了最終極的地步。如果沒有明師指導，他就會陷入空亡境地，不明白還有更高深的境地。

「無身」和「融於原物」都會導致修行者沾沾自喜於自己的境地，不再前進，這就是停滯，所以沒有成就瑜伽，沒能成爲瑜伽士。他們依各自修持的深淺程度，可能要等十、百、千、萬、十萬次人類的生滅循環，才重入輪迴投胎轉世。他們與生俱有三摩地境界，不過是屬於不究竟的有智三摩地。

你我都不是與生俱有三摩地的人，必須要靠這個人身來修行才能成就三摩地，所以我們是屬於因修而得。不過，根據威亞薩所述，這才是正道瑜伽，依此而修成正果才是瑜伽士。以下從第二十句經開始，就是在講修行。

修行從一開始就要有正確的見地，要避免錯誤的知見，例如第九句經的「夢想」（vikalpa，沒有根據的知見）、第三十句經的「邪見」（bhrānti-darśhana）之類。否則就容易在見地上陷入自滿、自喜（tuṣhṭi）境地而停滯不前，這類見地主要有下列四種情形：

- 一切都是因爲物的演化而有，所以只要我能證悟物的演化，就能得解脫；
- 在家人無法成就解脫，我只有出家才能得解脫；
- 一切都有賴時機成熟，所以時間到了，我自然就會得解脫；
- 一切都由命定，當我命中注定得解脫，我就能解脫。

若一開始抱持這樣的錯誤見解，就會受阻於「無身」以及「融於原物」階段，停滯不前。

譯註：

❶ vitarka、vichāra在佛家唯識學中分別譯為「尋」、「伺」。

❷斯瓦米拉瑪舉過一個妙喻：「修行有如步行，每跨出一步，要先把原先踏住的那一步放掉，否則就無法前進。」我們中文說「修行」也是妙語，固然是修正自己心念行為的意思；但行也是履行、實踐，修行同樣要往前行進。

❸斯瓦米韋達曾經解釋過，我們以為自己可以直接觸摸到、可以看到外界的對象，其實所感覺到、知覺到的都是「第二手」印象，是心的認知作用而已，不是「真正」的對象。因此，我們無法證明客體對象真正存在。而究竟世界萬物是否實有，是千古以來哲學家所爭辯不休的題目。我們能夠認知任何對象，是因為對象已經存在於我們心中，否則縱然看見對象，也不會認識它是什麼。

❹此地是數論哲學中的一個分類，梵文是ahaṁkāra（翻譯為「我執」），不同於《瑜伽經》中的asmitā（翻譯為「有我」），請讀者注意。

❺upāya 的意思是手段、方法，佛經有時譯為「方便」。

方法手段

第20～22經

I.20 śhraddhā-vīrya-smṛiti-samādhi-prajñā-pūrvaka itareṣhām

其餘以信、進、念、定、慧爲先。

經文拆解註釋

śhraddhā-：信

vīrya-：精進

smṛiti-：念

samādhi-：定

prajñā-：慧

pūrvakaḥ：前提

itareṣhām：其他、其餘

全段白話解讀

至於其他不是生而得有智三摩地，

而是要修才能得有智三摩地的人，

則需要先有信心、精進力、念力、定力及智慧。

對我們這些不是生而得之，而是要修而得之的大多數人，修行的方法首先要從這五處開始。這句經文和佛教所謂「五力」的用語近乎雷同。關於佛教和《瑜伽經》有何關聯，學界已經做了大量研究，由於不是我們這次講述的主題，在此就不去談它。

講到「進」，有些人抱怨自己精力不足，所以不能夠好好學習。我自小就養成一個習慣，每天不論多麼累，在上床睡覺之前，即使已經到了凌晨五點，也一定要學些新東西才睡，即使到了現在這個年齡，還是保持習慣不變。身體勞累是令人疲倦的次要原因，情緒才是令你疲勞的主因。憤怒會令你疲倦，嫉妒會令你疲倦，恐懼和憂煩會令你疲倦，心中被性欲盤據會令你疲倦（所以你要培養梵行的心念），飽食會令你疲倦，運動量不足會令你疲倦，睡得太多也會令你疲倦。

睡眠是必需的，但是我常常爲自己仍然需要睡眠而感到無奈。世上有這麼多的苦痛，要做的事太多了，假如我可以不需要睡眠的話有多好，就可以省下時間來做事。如果神問起我，有哪件事是我希望今後能夠不用去做的，我會要求讓我不用睡眠。可是我的睡眠分兩個階段，前半段是非常深沉的睡眠，連別人來幫我按摩腳，我都沒有知覺，不會醒來，睡得如此之深。我睡眠的後半段則是同時有兩個層次，底下那一層是在做功夫，表面一層仍然是一般人的睡眠。我睡醒了不會立即跳下床，而是先做某種瑜伽睡眠法，然後才起身。生活就是一門藝術，活著就要懂得如何享受生命之樂，而不是活在苦痛中。苦或樂應該是操之於你。

工作本身反而不會令你疲倦，你的身體自然會適應你工作的步調節奏。你要明白，會令人疲倦的、令人顯得老的，不是工作本身，而是上面提到的那些情緒因素。如果你能克服這些因素，你在有限的時間內就能夠完成更多的事情，別人會無法跟上你的步調。

善念、美好的念頭不會令你疲倦，負面念頭才會令你疲倦。譬如說你在學習什麼東西，是屬於不善、不惡的中立念頭，如果你能享受學習的過程，它就不會令你疲倦。如果是被強迫學習，那就會令你疲倦。而靜坐則是能消除疲倦。

講回本句經，前面說三摩地也可以分「修而得」（靠修才有），以及「生而得」（前世已經悟道的人，這一世出生就有）。現在這句經則是屬於前者，開始要說明如何修得有智三摩地。

威亞薩說：「『信』，是心中清澈而愉悅，內心和諧喜樂。『信』（在梵文是個陰性名詞）有如慈愛的母親，保護著瑜伽修行者。」

當人有了信心，就會生出精進力去追尋明辨智慧。我們前面已說過什麼是明辨智（viveka-khyāti）。《瑜伽經》裡的明辨，不是平常所謂的能分辨是非，而是能分辨出本我和原物之區別；能分辨出鏡子（比喻布提）中反映的光是反射的結果，不是原本的太陽（比喻本我），從而不再將原物及它的衍生物誤認爲自己的本來。我們日常用語和哲學用語儘管文字相同，內涵卻會有很大差別，大家要牢記。說印地語（Hindi）的人特別要當心，因爲印地語借用了很多梵文字詞，你們就常常會把日常語言的意義套用在哲學語言上，就容易錯誤解讀。

當你內在有精進力，你的「念」力就變得堅定。此地這個「念」的梵文smṛiti 在前面第六、第十一句經也用到，不過在前面的意思是記憶，是一種「心念」。在此處則是另一個意思，這個「念」是「意念」，是禪定靜坐的基礎，威亞薩特別把它稱為「念住」（smṛiti-upasthāna），是一種持續的意念、覺知，佛教巴利文則是稱之為sati-paṭṭhāna。我站著，自己身體的姿勢如何，我躺下來又是什麼姿勢，我做體位法時，身體各部位又是如何，都要隨時注意、覺知到自己的姿勢。

有一年我在印度的學院中教導佛教的《清淨道論》（*Vissudhimagga*），那是「內觀」（Vipassanā）禪定學派的基本典籍。其中很重要的一個環節就是「念住」，由此而有呼吸覺知（巴利文ānāpāna-sati，梵文prāṇāpāna-smṛiti，觀呼吸、安般守意），這是對於自己呼吸出入息的覺知，知道自己現在呼氣、吸氣是長或短、是促或緩、是勻或不勻，自己吸入空氣是由哪裡開始、哪裡終結。這些不只是在靜坐時要知道，其他一切時刻都要保持覺知。你不用刻意去操控呼吸，只要默默觀察、感覺呼吸的狀態，去體驗呼吸，這是所有靜坐禪定的基礎法門。世上無論任何傳承或宗教，基督教、蘇菲、禪宗、道家、藏傳密宗、喜馬拉雅瑜伽等等，在教導靜坐時，都是以這個做為下手處。如果不是從這裡下手，就大有商榷餘地。

靜坐時，持咒和呼吸的覺知是要合一的。我們喜馬拉雅瑜伽教學生靜坐時，是先由呼吸覺知開始，然後加入咒語，例如「搜－瀚」（so-ham）或自己的個人咒語。呼吸和持咒是不同的念住，還有其他的念住，例如覺知身體上的感覺等等，共有六種念住法，就不一一介紹。第二十句經所說的smṛiti，意思就是念住，而不是記憶。

由「進」起「念」，由「念」到「定」。這第二十句經裡面的「定」（samādhi），和前面經文的「三摩地」（samādhi）意義不同。在這裡實際的意思就是「靜坐」。很多外語中，例如泰國話，「靜坐」就叫做samādhi。要教人靜坐，你的知識要非常廣博，可是當你自己坐下來靜坐的時候，就要把一切都忘掉，變成一個傻瓜，變成一個孩童。samādhi這個字，是由字首sam-以及ā-和動詞字根dhā組合而成。字首sam是「使一切達到和諧」的意思，在很多印歐語言中都有，例如英文中的sympathy（同感、同情）。動詞字根dhā的意思是置於、放在什麼地方；ā-dhā則是「由一切方向」、「由一切方法」的意思。所以此處samādhi這個字的意思，不是指有智三摩地或非智三摩地，而是心不受干擾，散亂的心集中於一處，穩定地靜坐。

由「定」而生「慧」（prajña），字首pra的意思是漸進而終於完善、完成，prajña就是逐漸進步，終於達到完滿的智慧。這個完滿智慧就是明辨智，就是分辨出鏡子不是太陽。當心地變得和諧，能集中於一處，明辨智才有可能，此時才能真正證悟，見到實相。如此繼續不斷努力，修習靜坐和無所執著保持不輟，終於能生起非智三摩地。

這條路好像非常漫長，究竟需要多少時間？常有人問我，他要多久才能終極開悟。我前面舉過佛陀的例子，從善慧到佛陀，中間經過五百世。那還算是快的，因爲他是利根。這需要鍥而不捨逐漸建立那股勢能，才能終於圓滿完成。

回去自己想想，什麼叫做均勻呼吸？要怎樣訓練自己的呼吸變得均勻？呼吸均勻要怎樣去數自己呼吸的長度，又有多少種數法？覺知呼吸有幾種方法？跟同學們一起討論。

I.21 tīvra-saṁvegānām āsannaḥ

勇猛精進力度者則臨近。

經文拆解註釋

tīvra-：快速、勇猛

saṁvegānām：具有勢能、力度的人

āsannaḥ：臨近、即將

全段白話解讀

能夠勇猛精誠前進，

維持如此勢頭力度的人，則三摩地指日可待。

第二十一、二十二句經是把修行人分爲三類，有比較溫吞的、有比較勇猛的，還有居於二者之間的。你何時可以證道，完全依你的速度、力度而定。這句經文，我們就簡單如此說明。

I.22 mṛidu-madhyādhimātratvāt tato'pi viśheṣhaḥ

即勇猛者亦分慢、中、快。

經文拆解註釋

mṛidu-：溫吞、慢速

madhya-：中等

adhimātra-：終極

mṛidu-madhyādhimātratvāt：因爲有慢、中、快之分別

tataḥ：由彼

api：即使、亦可

viśheṣhaḥ：區別

全段白話解讀

即使在勇猛精進的修行人當中，

也可以區分爲慢速、中等及快速三類。

這句經文的意思也很清楚，就不用再說明了。但問題來了，我們是否一定要歷經五百世，是否一定要修練所有的法門才能成道？難道沒有捷徑可走嗎？

有的，捷徑就在下一句經文。

便捷法門

第23～29經

I.23 īśhvara-praṇidhānād vā

或神臨前。

經文拆解註釋

īśhvara-：伊希伐若、神（的）

praṇidhānāt：由修練感覺臨在

vā：或者

全段白話解讀

或者，時時刻刻、隨時隨地去意念神親臨自己面前，可以速成三摩地。

大家應該開心了吧！這句經就是修得三摩地的捷徑。

「伊希伐若」（īśhvara）的意思就是神、上帝。

praṇidhānāt，前面說過動詞的字根dhā是「置於、放在什麼地方」的意思；pra是完全、全然；ṇi是靠近，保持全面接近。所以這裡告訴我們，全然親近神就是一種修練方式。完全，所以沒有其他雜念。做這樣的修練，就是一種捷徑。這也就是要完全放下，把自己交出去。這和心念的淨化，是同一回事。有人問斯瓦米拉瑪，什麼是祈禱？他說，祈禱是一種強烈的心態，至於祈禱所使用的字句反而不是重點。有人請他爲某人祈禱，他說，好的，我會。但是你不會看見他坐下來祈禱、搖鈴鐺之類的。祈禱無他，完全取決於一股強烈的心態。如果你要爲某人祈禱，就將那股強烈的心態投向某人，而不只是在嘴上喃喃有辭地說些請神賜福之類的字語。

你知道嗎？你爲某人祈禱，跟對方是誰很有關係。每當我爲別人祈禱時，譬如說某位病患，如果對方是西方人士，我就要花很大力氣。但如果對方是東方人，不論他是在台灣、日本、韓國，就容易得多，因爲他們的文化傳統是習慣在長者、智者面前放下、放空自我。西方人士的基本心態就帶有抗拒感，他們腦中不停地爭辯，所以不容易爲他們祈禱，要花很多時間來消除那份抗拒感。當然，今天工業化普及的結果，東方人也開始變得有抗拒心了。

所謂強烈心態是什麼？它可以是一種關愛之情，你首先要用愛意去籠罩你所關心的那個對象，用一件愛意織成的披肩把對象裹起來，那才會有效。假如你就坐在那裡，用理性分析什麼是愛，你就無法把愛送出去，對方也無法收到愛。

無時無地不去感應到神在面前，就是修行的捷徑。例如印度教徒、佛教徒常常膜拜的那些神像、符號象徵等等，都是給初學之人用的。威亞薩說：「時時感受到神的存在，是一種非常特殊的『奉愛』（bhakti）法門。如此修練就能贏得神的關愛，當瑜伽修行者將他的意念引向神，神也會回應賜予恩典。同時，修行者僅僅將意念引向神，三摩地以及種種三摩地之果就即將到來。」

這裡有一個很重要的觀念，有個特殊用語叫做「憶持」（abhi-dhyāna），你我將意念引向神就是一種憶持。同時，神也會將意念投向你、憶持你，是雙向交流的。我告訴你一個秘密，我自己從來不用做任何事，例如我引導大家靜坐，其實是我的上師在透過我來帶大家做。以前斯瓦米拉瑪也說，他的一切所作所爲都是他的上師在做。如果去問他的上師，你也會得到同樣的答覆。如此循序層層往上推，會一直推到「金胎藏」。你只需要把自己準備好，成爲接受那個憶持的載具。所以你修練本經所說的「神臨在前」，你的心就要殷切，那股心境一定要夠強烈，神會回應你的。如同斯瓦米拉瑪以前所說的：「你朝我走一步，我會朝你走四步！」

我所告訴你的，都是自己的實際體驗。凡是自己沒有實證過的東西，我是不會拿來教人的。有次我帶幾位印度的學者去見斯瓦米拉瑪，他們問了好多關於迦什彌爾希瓦教派（Kashmir Shaivism）典籍裡的問題。斯瓦米拉瑪對他們說：「我上師命令我不准講書本理論，你們要問就問實證的問題。」我自己從十幾歲開始教學，六十多年來從未間斷，哪來的時間去準備教材？眞正能禪定的人，知識的大門會爲他而開啓。你只要去找，那扇門就會爲你而開。

I.24 kleśha-karma-vipākāśhayair a-parā-mṛiṣhṭaḥ puruṣha-viśheṣha īśhvaraḥ

殊勝本我不爲煩惱、業行、業報、業識所污者乃神。

經文拆解註釋

kleśha-：煩惱

karma-：作爲、業行

vipāka-：成熟、業報

āśhayaiḥ：業識

a-parā-mṛiṣhṭaḥ：無染污

puruṣha-viśheṣhaḥ：殊勝本我

īśhvaraḥ：伊希伐若、神

全段白話解讀

所謂神，

是不受煩惱、業行、業報、業識所污染的殊勝本我。

第二十三句經說，求得三摩地的捷徑就是把意念時時投向於神。神也會「憶持」於修行者，把意念投向修行者，那就是所謂的神恩。於是，修行者就能得三摩地、得三摩地之果。那麼誰是「伊希伐若」，誰是神？怎麼定義神？

我們知道瑜伽之學的哲學理論基礎是數論，數論中的特殊名詞「本我」，也可以稱爲眞我、覺性之原。那麼，什麼是「伊希伐若」、什麼是神？這句經文說，神是特別的、殊勝的本我，是獨特的覺性之力，與其他本我不同，是無染污的，不會被煩惱、業行、業報和業識所染污。

什麼是煩惱（kleśha）？《瑜伽經》第二篇開宗名義就有定義。煩惱另外一個名字是顚倒（第一篇第六、八句經）。

梵文karma的意思是「作爲」（中文常譯爲業、業行），講起來大家好像都懂，如果眞懂就好了。我們只能非常簡單地談談。

業報（vipāka）是業行成熟了，結了果。如同你埋下種子，種子發芽成長，結出果實。

業識（āśhaya）是收藏一切煩惱、業行、業報的所在。它們暫時在業識中處於休眠狀態，等待適當時機才顯露出來。我們的精微身有個重要的功能，就是有業識。你可以說業識是收集煩惱、業行、業報的庫房。我們坐在這裡上課，對我們的精微身就有影響，此刻我們正在改改造它，正在改變它，心印不斷地在精微身中累積，它就不停變化。假如我現在死亡了，我精微身此刻的形狀將會決定我下一世誕生於何處、是哪一類物種、會有怎樣的身體、我在那具身體中會活多久、我在那具身體中會有如何的經歷、有怎樣的苦痛和快樂遭遇。但到了明天，我的精微身又會不同；如果我明天死亡，下一世就會跟著不同。因爲從現在到明天死亡到來爲止，我又會造出許多業行。如果我再過二十五年才死，下一世又會不同，端視這二十五年中我有什麼樣的業行，我如何塑造自己的精微身。

有人問，是否新業比舊業的影響力大？這個看法不成立。業不是個別一一成熟結成業果的。譬如我在這個杯子中加入一滴茶、一滴咖啡及一滴奶，杯子裡面的液體不會是各自分開的一滴茶、一滴咖啡、一滴奶，而是成爲一種混合液體。業也是如此，業果是由總體的業成熟而來，是你一生所有業行總和所形成的混合體。你煮一鍋菜，除了蔬菜本身的滋味，還混合了所有的調味料、種種香料的味道，都是同樣的道理。印度烹調的理論主張，好廚師所煮出來的菜餚，所有的滋味是融合的，如果還能嘗到個別滋味，就代表廚藝不精。

我們所造的業大多數是在沒有覺知的情況下做的，連自己都不知道。譬如你不停說話，連續半個鐘頭講個不停，不知道自己造了口業。有的人一開口就停不下來，然後還說自己話不多，表示這人完全沒有覺知力。覺知力就是觀察力，兩者是同一件事。如果你能好好用上覺知力，然後加上意志，下決心控制自己講話的習慣，那你就是在改業。

業無時無刻不在改變中，所以需要覺知。譬如我此刻講課的當下，要覺知是自己的我慢、我執在講話、在炫耀，還是知識在說話。縱然自己是在傳授知識，如果其中混雜了自大自尊，那我既是造了善業也造了惡業。所以當老師必須謙虛。

還有，善業和惡業是不能互抵的。我在杯子裡倒入茶、咖啡、牛奶，它們是不會相互抵銷的，而是混在一起變成了第四種液體，是一個加總的結果。這個題目很複雜，《瑜伽經》第二篇裡面有提到業，所以在我所寫的《釋論》第二輯裡面用了相當多的篇幅來探討，大家可以參考。

無染污（a-parā-mṛiṣhṭaḥ）是說殊勝本我（puruṣha-viśheṣhaḥ）不受煩惱、業行、業報、業識的染污。這個殊勝本我，不同於一般所說的個體靈（靈我），它就是神、就是伊希伐若。要注意，此地所謂的神，只是在《瑜伽經》意義範疇之內的神，不是「梵」（brahman）。至於梵、神、伊希伐若究竟有何關係，請參閱我寫的那本名為《神》的書。就我們喜馬拉雅瑜伽傳承而言，《瑜伽經》是一部講實踐的經典，不空談理論，目的是在教我們分辨本我和原物，好讓本我終於得以安住在自己本性中。《瑜伽經》最終的境界是第四篇最末一句經所說的「獨耀」，但是在「獨耀」境界中，神的本質如何，就不是《瑜伽經》要探討的內容。

然而，由於每個宗教、每個傳承都有他們自己所定義的神，如果你要將意念投向神，感受神在當前，你該奉哪一個神呢？哪一個才眞正是我們所信的神？很不幸的，我們當中沒有人能徹底走這個法門，這也就表示我們都不信神。我們所相信的神，只是自己觀念中的神。你要接受這個事實，我們所信仰的神並不是神的本來面目。我們觀念中的神，是受到自身環境影響所形成的神的概念。如果你生長在基督教環境中，你對神就有某種概念；你是印度教徒，神就是另一種概念。而穆斯林又有另一種神的概念。

神與科學是否有衝突？這是個很無聊的命題，都是緣自於西方世界對神的觀念，跟神一點邊都扯不上。西方有本名爲《上帝錯覺》（*God Delusion*）的書，由約翰．鄧普頓基金會（John Templeton Foundation）出版，號稱可以從科學觀點來「證明」神不存在。這就是一種偏頗的論點，以爲科學能主宰一切。如果照這觀點來說，愛因斯坦一定是個笨人，因爲他既相信科學又相信有神。我們需要一個環境，能讓我們認識眞正的神，而不是盲目接受社會和父母所灌輸給我們的神的觀念。那個環境只存在於你的內在，要不然，你就必須坐在一位完全開悟的大師跟前才有那個環境。

回過頭來講，我們究竟該怎麼樣去意念神在當前？首先，我們必須完全拋棄自己對神的現有認識和觀念，因爲神完全不是那回事。哪怕你對神只有過遙遠的一瞥，就會知道一切你聽過、讀過、學過對神的描述統統都不是眞的。那麼，神是什麼？如果你想知道什麼是甜的滋味，問別人是得不到答案的，要自己去嘗過甜的東西才知道。

我以前說過一個寓言故事，假設格利佛❶飄洋過海來到了一個奇異的島國，他隨身帶了一些糖果。那邊的人從來沒吃過糖，不知道他在吃什麼。格利佛告訴島民：「這是糖，是甜的。」島民聽了大驚：「糖！我們此地法律嚴禁甜食！吃甜食的人會下地獄。」格利佛不想冒犯當地的法律和習俗，就把糖果收了起來。到了晚上，有島民偷偷來到他的船上，問他糖究竟是什麼樣的滋味。格利佛把糖拿出來請島民吃。島民嚇得連說：「不要！不要！我們不能吃，你只告訴我們是什麼滋味就好了。」只想問神是什麼，而不自己去找答案，就像是故事中想知道什麼是甜味卻不肯自己去品嘗的島民一樣。

對神的體驗不是來自知識或智力，那該如何去體驗？你內在有個地方是超越你的感官、超越你智性的所在，你只有經由禪定靜坐才能去到那裡。只有去到那裡，你才能直接體驗到超越一切言語文字所能描述的「那個」，它是智力所不能理解的。我們說，意念「神在當前」是最便捷的開悟途徑，可是它偏偏又是最難的，爲什麼？因爲你要能夠揚棄自己一切所知所聞才行。

I.25 tatra nir-atiśhayaṁ sarvajña-bījam

彼全知者種子無以尚之。

經文拆解註釋

tatra：那個、那個（神）

nir-atiśhayaṁ：終極、無尚

sarvajña-：全知者

bījam：種子

全段白話解讀

神的全知者種子最爲高尚，無有超越者。

這句經文的字面意義好像很簡單，其實不然。所有生物都有全知者的種子，一隻螞蟻帶有全知者種子的一滴，大象所帶的全知者種子比螞蟻多，人類所帶的這個種子又比大象多，開悟者的這個種子又比普通人來得多，到了神的境地，就是渾然全知者了。

你們有在背誦《瑜伽經》嗎？背誦才能幫我們深刻理解體會經文。我們講到這裡，你們就應該要背到這裡。很簡單，每次把幾句經文抄下來，放在口袋中，隨時拿出來背誦。飯前拿出來讀，飯後拿出來，走在街上也可以拿出來，就這麼簡單。

I.26 pūrveṣhām api guruḥ kālena an-avachchhedāt

以其不受時間所限，即始祖亦奉爲上師。

經文拆解註釋

pūrveṣhām：祖、久遠以前、前任（教師們）

api：即使、也是

guruḥ：上師

kālena：（受）時間

an-avachchhedāt：不受限、沒有拘束

全段白話解讀

因爲他完全不受時間因素所限制，

即便是始祖教師以及其後的所有教師們都奉他爲上師。

這裡說，古代諸位大師，乃至第一任祖師也要奉他為上師。你問，為什麼他既是遠古聖哲的上師，又能夠是我們共同的上師？因為他不受時間所限，沒有時間之區分。他是真正的始祖上師，也就是所謂的「金胎藏」，不只是這一劫循環的上師，在一切劫數循環中，他都是上師。

I.27 tasya vāchakaḥ praṇavaḥ

其以嗡字稱名。

經文拆解註釋

tasya：他的

vāchakaḥ：（以）稱名

praṇavaḥ：嗡（OM）字

全段白話解讀

他的名稱，即是嗡字。

我們此地無法詳細解釋什麼是「嗡」。而對這一句經文最好的註解就是《曼度克亞奧義書[2]》（*Māṇḍūkya Upaniṣhad*），全書只有短短十二句，是最短篇的奧義書。

爲了幫我們了解《曼度克亞奧義書》，斯瓦米拉瑪寫過兩本書，一本是《*Enlightenment without God*[3]》，另一本名爲《*OM The Eternal Witness*》（《嗡，永恆的旁觀者》），你們可以自己去讀。

神不是可以經由感官來覺知體驗，對於還沒有證悟到神的人只能專注於神的名稱來意念神在當前。OM（嗡），就是神的名稱。

I.28 taj-japas tad-artha-bhāvanam

重誦專注其義。

經文拆解註釋

tat-japaḥ：重複默誦那個（以及）

tat-：那個的

artha-：意義

bhāvanam：專注合一、培養、觀想使存在

全段白話解讀

重複默誦那個名稱，深深浸潤於它的意涵、觀想它，

即是意念「神在當前」。

「持咒」（japa）就是重複在心中默默誦念任何神聖名號或咒語。《瑜伽經》中有用到「自修」（svādhyāya）這個字，通常是解釋成自己去學習，但是自修眞正的意思是持咒默誦，不念出聲來，才是眞正的「自」修。與眾人一起朗讀背誦（adhyāya）則是不同的學習方式，例如《吠陀》就是要經由朗讀來學習。

重複誦念「嗡」字（就是持咒），深深浸潤在其中，體驗它的意涵。我們如何體驗它的「意義」（artha）？「意義」是什麼意義？這不是在玩文字遊戲，也絕對不是一個簡單的問題。每當我們問某個字詞是什麼意思時，所得到的答案往往是另一個字詞，但是另一個字詞不是原本那個字詞所代表的意涵。例如，有人問「錶」是什麼意思？我手上這只手錶才是「錶」這個字所指稱的對象，你對它的經驗才是錶這個字的意思，而不是用另外一個字來表達它。有人會說，因為以前見過錶，所以當提到錶這個字時會觸及記憶中對錶的印象，那個印象就是錶的意思，這可以說是心理學的觀點。神經學則會說，聽到錶這個字所引起的聯想是神經元在作用的現象，也就是說所謂的「意思」都是在腦中發生的。你甚至可以說，整個宇宙世界都在你的腦海中，你卻沒有辦法證明外面有個宇宙世界。印度人自古以來就不停地爭辯這件事。在梵文中，文字、文字所表彰的意涵，以及文字與意涵兩者之間的關係，既是文法上也是哲學上的題目，為此而寫過的著作不知道有過多少。它本身就是一門大學問，我們無法在此討論。要專門研究這個題目不知要花上多少年的時間，我可從不敢說自己懂了[4]。

懂得「嗡」的意義，專注浸潤於其中，也就是前面所說「意念神在當前」這個法門的修練方法。做到與神合一，就要放下自己一切既有的觀念與成見，連自己也要放下，統統給捨了，就是歸伏。你們還做不到歸伏，以你目前所在的境界，所謂的伏，大概就是在這個靜坐大廳中做個五體投地的禮拜，你只伏到這廳中地面的藍地毯而已，或是伏到這廳中的幾根柱子、屋頂。那不算伏。眞正徹底的歸伏了，才能與神結合。古人以新郎和新娘的結合來比喻人與神的結合。這結合不會依你的個人意志而發生，它是自己來到，自然發生的。在它來到之前，你會不停地掙扎想要放掉什麼東西、要如何放下、如何歸伏。可是你不知道，只有愛才會讓你捨得，讓你歸伏。果樹會因爲結實纍纍而低垂，這是自然發生的。當你內在靈性的果實長出來了，你自然就會彎下腰，那就是歸伏。

梵文bhāvana這個字需要解釋一下，它是由動詞字根bhu而來。bhu的意思是「有」、「存在」；bhāvana是「使存在」。tat-artha bhāvanam是透過某種作爲（例如持咒），使那個意義存在於你，使那個意義對你成爲眞實。持續重複誦念「嗡」字，使得嗡的意義存在於你的內在。記住，所謂「意義」就是那個字所指稱的對象。嗡的意義就是神，就是伊希伐若。

因此，這句經文是說，由於反覆默誦嗡字，加上專注觀想嗡字的意義，心念得以專一，到了第一句經所說的「一心」境地，心念集中於一點。由於這種「自修」法會生起光明，神會來臨到你內心中。

此時有人問，我們持個人咒語，和持「嗡」（OM）有何不同？這個問題很好，也很大。我告訴大家一個秘密，以前我沒說過，因爲大家不會懂。凡是能夠說出來、讀出聲音來的，都不是嗡。嗡有三個半音節，最後那半個音節是靜默無聲的部分，那才是眞正的嗡，也就是所謂的「第四」（turiya，圖瑞亞❺）。你們目前所誦念的嗡只是前面三個有聲音節的部分，也就是構成嗡（OM）的三個梵文字母：A、U、M，它們分別代表了醒、夢、眠三個精神狀態。有機會我們可以做一種特殊的靜坐觀想練習，這秘密在於M的音聲中。做這種觀想，一切咒語（包括你的個人咒語）持到後來都會變成「搜－瀚」（so-ham），然後連「薩」（sa）和「哈」（ha）這兩個字母也沒有了❻，最後只剩下嗡。

我們的心有很多層次，你用哪個層次去持咒就會決定你持咒的素質。當你到達某個地步，你平常所持的咒語變成了覺性之流，那就成了「搜－瀚」，就成了嗡。到那個地步，就是上面所說的那個無聲的半個音節部分，此時形成音節的「波」就消失了，只剩下了一股「流」。那個不是你用耳朵可以聽到的，是內在的音流。眞正的嗡是個「無擊之聲❼」（anahāta）。目前我們聽到的聲音都是撞擊之聲，是經由敲打撞擊摩擦而產生的，例如你們聽到我講話的聲音，是空氣和聲帶摩擦而來。無擊之聲本身也是個大題目，這裡無法詳述。

剛才又有人問了一個好問題，如果嗡的眞實意義是在那最後無聲的半個音節，爲何還需要其他有聲的三個音節？這是因爲我們目前的意識只停留在那有聲的三個音節中，不是在清醒中，就是在夢中，要不然就在無夢無想的深沉睡眠中。若是你能克服及超越醒、夢、眠這三個狀態，就可以進入那無聲的半個音節裡面，就是「第四」。目前無論你如何去想像它，都不會發生，它不是可以憑想像而進入的。要用想的，就已經不是它了。

I.29 tataḥ pratyak-chetanādhigamo'py antarāyābhāvaśh cha

故內證覺性亦且除障。

經文拆解註釋

tataḥ：於是、由此之故

pratyak-：內在的、往內的

chetana-：覺性、眞心、本性

adhigamaḥ：實證

api：亦、而且

antarāya-：障礙

abhāvaḥ：不存在、去除

cha：以及

全段白話解讀

由於意念神在當前，

證悟到內在覺性，並且排除了一切障礙。

由於持咒加上觀想的功夫，意念神臨在當前，「意涵」成爲了眞實，所以證悟到內在的覺性。《卡塔奧義書》（*Kaṭha-upaniṣhad*）說，因爲我們的感官都向外開，所以我們只看到外在的種種，而智者把注意力往內（pratyak），見到的是內在的本我。

靈性增長的一個特徵，就是注意力不再往外而是往內。目前我們注意力都往外走，可是本我是內在的，所以要借助持咒讓注意力自然往內。目前把注意力往內是一件費力的事，可是當功夫到了之後，往內走會變成自然而然，往外走反而是一件要費力的事。到了那個時候，就可以「往內」（pratyak）「證到」（adhigamaḥ）內在的「覺性」（chetana，眞心、本性）；「而且」（api）一切「障礙」（antarayā）也都被排除而「不存」（abhāvaḥ）。障礙是指種種中斷、阻礙，下二句經文列出了主要的障礙包括哪些。

譯註：

❶作者借用西方文學名著《格利佛遊記》（*Gulliver's Travel*）中的主人翁來說故事。

❷或譯為《蛙氏奧義書》。

❸台灣中譯書名為《唵與自力成就》。

❹對這個題目有興趣的讀者可以一讀斯瓦米韋達所寫的《咒語與禪定》（*Mantra and Meditation by Swami Veda Bharati*）一書，其中有個章節專門討論文字以及其意涵的關係。

❺「第四」也就是三摩地狀態，請參閱《曼都克亞奧義書》。

❻要了解so-ham（也可以寫成so-hum）的「意義」，以及so-ham與sa、ha二個字母的關係，也請參閱斯瓦米韋達的《咒語與禪定》（*Mantra and Meditation by Swami Veda Bharati*）一書。

❼斯瓦米韋達常用禪宗的「單手擊掌」隱語來比喻這個「無擊之聲」。

障礙及伴隨障礙

第30～31經

I.30 vyādhi-styāna-saṁśhaya-pramādālasyāvirati-bhrāntidarśhanālabdha-bhūmikatvānavasthitatvāni chitta-vikṣhepās te'ntarāyāḥ

疾病、延宕、猶豫、大意、怠惰、沉迷、邪見、不堅、退轉，乃心地之干擾，彼等爲障礙。

經文拆解註釋

vyādhi-：疾病
styāna-：心念遲滯、延宕
saṁśhaya-：猶豫
pramāda-：疏失、大意
ālasya-：怠惰
a-virati-：沉迷、放任
bhrānti-darśhana-：邪見
a-labdha-bhūmikatva-：不堅定
an-avasthitatvāni：退轉
chitta-vikṣhepāḥ：心受干擾、不平靜
te：它們（是）
antarāyāḥ：障礙

全段白話解讀

所謂障礙，是心地所受到之干擾。
它們是：疾病、延宕、猶豫、大意、怠惰、沉迷、邪見、不堅及退轉。

還記得我們前面在一開始學習時，提到過心地有五個層次嗎？其中一個是「不定」。不定是靜坐時沒有辦法定下來，因為心地受到了干擾；而干擾就是障礙。這句經文告訴我們，不能定的主要障礙有哪些。我們在此只簡單介紹，不一一詳細說明❶。

「延宕」和「怠惰」不同，前者是心念粗重不聽使喚、推委拖延；後者是懶散，例如打坐時間到了，你卻不想上座。造成這些情形的原因很多，或許是吃了些不消化的東西，或許是前晚沒睡好……。碰到這些情形，也不要立刻自責批判自己。大家不明白，身體狀況是個很重要的因素。在靜坐的時候，我們身體各部分的肌肉會不停地發送信號給大腦。為什麼練哈達瑜伽有助於靜坐？因為一般人無法對治身體的狀況而超越身體，身體就變成了障礙，所以要藉著練習哈達瑜伽來改善肌肉粗重以及能量阻塞的情況，讓它們不會一直送不舒服的信號給大腦。我建議你們去讀我那本名為《哈達瑜伽❷》的書，就會了解身體、呼吸、能量流以及心念彼此之間的關係。

「沉迷」是無法把心從外界對象抽離開來。「邪見」是錯誤的知見，屬於前面所說的「顛倒」，例如執著於靜坐時生起的一些特殊感受或是特別的本事，這都是障礙，都會干擾三摩地。

「不堅定」是功夫不踏實，無法進步到下一個境地層次。「退轉」是無法留在已經到達的那個較高層次，又退回到原來較低的境地。要沒有干擾、沒有障礙，才能留在某個境地，讓這個境地成為自己自然的境地。

了解什麼是障礙後，又該如何排除障礙呢？要靠默誦持咒，以持咒方式去意念神在面前，就能逐漸幫助你排除這些障礙，也就是前面第二十九句經的意旨。而一旦障礙消失了、干擾消失了，還有什麼也會消失？第三十一句經列舉了伴隨干擾而來的障礙，它們也會消失。這些都是很重要的經句。

I.31 duḥkha-daurmanasyāṅgamejayatva-śhvāsa-praśhvāsā vikṣhepa-saha-bhuvaḥ

苦、挫折、身不定、呼吸，乃伴隨干擾。

經文拆解註釋

duḥkha-：苦

daur-manasya-：挫折、惡念

aṅgam-ejayatva-：身體不定

śhvāsa-：呼氣（以及）

pra-śhvāsāḥ-：吸氣（它們是）

vikṣhepa-：干擾（之）

saha-bhuvaḥ-：自然伴隨、隨之而來的

全段白話解讀

有些現象會自然伴隨干擾而來，

它們是：痛苦、挫折感、身體不安定、不受控制的呼吸。

「苦」有身體的痛苦，以及由欲望、憤怒等等引起的心的痛苦。

「身體不定」指的是身體不由自主地動，當你的心不定，身體就會不由自主地動。你一下歪這邊坐，一下歪那邊坐。有人在靜坐時，身體會前後或左右搖動，或是會打轉，他就以為是自己的昆達里尼被喚醒了。這跟昆達里尼毫無關係！有這種現象的人，我會勸他要注意淨化自己的情緒。可是他往往不承認，認為自己的情緒很清淨。如果你眞淨化了，也不需要來我這裡。身體不由自主地動，往往是由某種苦痛或挫折感引起的。我可以像現在這樣盤腿坐著講課，一連五、六個小時不用鬆開，膝蓋不會痛，腿也不會麻。小訣竅是有的，你要懂得找到腿是在哪裡感到有壓力，然後微微調整姿勢把那個壓力給解除。如果你的坐姿完美，腿就不會麻。但主要的，還是得靠淨化情緒。

斯瓦米拉瑪說過，身體在靜坐時會有三種情況：一是會不自主地動，二是會出汗，三是靜止。第二種是由不同原因引起的，我們無法在此詳加討論。

這句經文提到的呼吸是指沒有受到控制的呼吸，也就是我們一般人的呼吸方式。靜坐中不受控制、不均勻的呼吸，就代表受到了干擾。除了在靜坐中，其他時間是否就不需要保持呼吸均勻？不是的，但是要隨時保持均勻呼吸非常困難。例如你急著要趕去什麼地方，除非你學會某種特殊的呼吸節奏，否則很難保持均勻的呼吸。斯瓦米拉瑪就曾經教人如何在跑步時，仍然能保持呼吸的節奏。你能在靜坐時，乃至平日坐著的時候，都能保持均勻的呼吸，就已經是一項成就了。

譯註：

❶關於「障礙」之詳細說明，請參照斯瓦米韋達已出版之中文書《幸福瑜伽》。

❷簡體字版名為《哈達瑜伽精義》。

克服障礙：淨化以及穩固心地的方法

第32～40經

I.32 tat-pratiṣhedhārtham eka-tattvābhyāsaḥ

對治彼等之故，修練一眞諦。

經文拆解註釋

tat-：那些

pratiṣhedha-：抑制、對治

artham：目的爲

eka-：一

tattva-：諦、眞實

abhyāsaḥ：修練

全段白話解讀

爲了要抑制那些干擾和障礙，

唯有修練唯一眞實，也就是保持「意念神在當前」。

abhyāsaḥ（此處是修練的意思）這個字在發音時要注意，不要把末尾的ḥ給丟掉了，今天的北印度人特別容易犯這個錯誤。ḥ在梵文中有個特別名稱，叫做visarga（止聲）。梵文還有一個特別的發音ṁ，叫做anusvāra（隨韻），例如aiṁ、hrīṁ。依照迦什彌爾希瓦教派的說法，止聲是世界之生出，而隨韻是世界之消沉，這其中有非常大的學問。m是唯一要閉起嘴唇來發音的字母，也是唯一不需要加上母音就可以獨立發音的子音。它的變化如ṁ、ṃ，都屬於咒語的學問。在宇宙中，止聲是干擾，隨韻則是三摩地。

前句經文提到的五種情形，是隨著干擾（障礙）自然發生的。靜坐時心能夠定下來的人，就不會有這五種伴隨的現象，也不會受到第三十句經所列的九種障礙的影響。

威亞薩說：「這些干擾是三摩地的對立面，必須要『修練』和『無執』才能完全受控。」所以由第十二句經一路到此，所談的都不出修練和無執這二門功夫。「而總結『修』的功夫，就在這一句經。」

爲了要對治干擾，就要修練唯一眞實，專一於一個念頭，一個單一的認知單位而已。所以專心讀書固然非常專心，但卻沒有專於一，因爲書中的每個句子、每個字，都是個別的認知單位，都會形成一個念頭。其實不只一個字可以構成一個念頭，連聞到一個味道也是一個念頭，都是一個認知念頭。觸摸的感覺，愛、恨的感覺，也是一種認知。這句經文是要我們修練把認知從所有地方收攝回來，到了只有一個單一的眞實。

譯者按：斯瓦米韋達在《釋論》一書中引述（474～477頁）威亞薩對這一句經文的解讀，也引述威亞薩駁斥佛家唯識論者所主張心地是刹那起刹那滅的（威亞薩所持的觀點主張心地是連貫存在的），這是佛教和印度主流哲學系統爭辯的焦點。斯瓦米韋達在摘要介紹雙方的論點後總結說：「我個人意見是，單就修習禪定而論，無論相信或不相信哪一邊的理論，並不是一定會有所助益或無所助益。」

I.33 maitrī-karuṇā-muditopekṣhānaṁ sukha-duḥkha-puṇyāpuṇya-viṣhayāṇaṁ bhāvanātaśh chitta-prasādanam

養慈、悲、喜、捨心以對樂、苦、有德、無德者，心地因而清明愉悅。

經文拆解註釋

maitrī-：慈心（之）

karuṇā-：悲心

muditā-：喜心

upekṣhānām：捨心、無區別心之

suhka-：樂適

duḥkha-：苦痛

puṇya-：吉祥、有德

a-puṇya-：不吉、無德

viṣhayāṇām：對於

bhāvanātaḥ：培養某種情操、專注使存在

chitta-：心地

pra-sādanam：清明愉悅

全段白話解讀

培養以慈心對待在樂境的人，以悲心對待在苦境的人，以喜心對待有德之人，以平等捨心對待無德之人，由此心地變得清明而愉悅。

在佛教，慈、悲、喜、捨四種德性稱爲「梵住❶」(brahma vihāra)，或者說「梵行」，意思是與「梵」同行。「梵」就是神，所以梵行就是與神同行。

bhāvanam 這個字我們前面解釋過，是專注於某個對象使它成爲眞實。專注於什麼？專注於培養四種心態：慈、悲、喜、捨。「慈」是慈愛心、友愛；「悲」是悲憫、同理心；「喜」是喜悅心；「捨」是捨棄差異心。對於在樂境的人，我們對他們要友慈關愛；對於身陷逆境的人，要悲憫同情他們；見到有人做了善行，要生歡喜心；對於不善、做了惡行的人，不要有差別心，要捨棄批判心，不要起負面反應，要平等看待他們。換言之，要行「中道」。

培養慈、悲、喜、捨這四種心態，就是在培養清明而愉悅的心地。pra-sādanam這個字有多重意義，是清澈純淨以及讓人感到愉悅，也是一種降福、神恩。這些多重意義其實也是同一件事，討論起來非常占篇幅，請參閱我寫的《釋論》。這四個德性的心態沒有先後次第，不是先培養慈心才能有悲心，然後才有喜心、捨心。這四個是整體的，你不可能只培養其中一種而不顧其餘三種，如果沒有其餘三種，你任何一種都培養不起來。四種德性要同時培養，它們彼此會取得平衡的。例如，見到有強者在欺凌弱者，強者固然是在做惡行，是無德之人，捨心說不要反應，要你仍然平等地去愛強者，但同時你對受欺凌的人也要起悲心。

如果心地不夠清澈、不夠愉悅，那就無法專一，無法入定。你內心老是在和某人較勁，怎麼能夠靜坐得好？心地清明、愉悅，神恩自然降臨，才能入定。

一旦心地變得清澈而愉悅，心才能穩固，才能靜止。下面第三十四句經是延續這個主題，一直到第三十九句經爲止。

譯者按：斯瓦米韋達非常重視這一句經文，特別寫了一篇短文，呼籲所有的瑜伽老師一定要如實教導學生培養這四種心態。請參閱本書附錄2。

I.34 prachchhardana-vidhāraṇābhyāṁ vā prāṇasya

或繫念呼氣與控制氣息。

經文拆解註釋

prachchhardana-：呼氣

vi-dhāraṇābhyāṁ-：以及有控制

vā-：或者

prāṇasya：氣（之）

全段白話解讀

或者，由於仔細而緩慢地呼氣及調控氣息，

心地因而能夠得止。

這句經文非常深奧，而且必須要和《瑜伽經》第二篇講「調息」（prāṇāyāma）的第四十九、五十、五十一句經比照閱讀。在講調息的時候，經文所使用的字眼是出息、入息，本經所用的則是「氣」（prāṇa）。這二者有何不同？

當年我的上師要我練習呼吸覺知，我問他，《瑜伽經》哪裡有提到呼吸覺知？他說就是這句經。我讀遍了《瑜伽經》的註釋和翻譯，除了我們的傳承，所有人都忽略了這一點。prachchhardana的意思是細緻、細微、變細、微調，把呼吸變細，所以「氣」就變得細微，不像我們的呼吸都是粗重的。pra-是逐步進行，終於到達完滿。當呼吸變細，「氣」也會變得細微，「心念」就會靜止下來。這三者是相互循環的關係，你可以從任何一個地方下手。雖然在使用言語來描述時，三者似乎有個次序，但是實際經驗上，三者是同時發生的。如果某人的呼吸很細微，你可以推斷他的「心念」也是很細微的；而如果某人的身體非常靜定，他的「心念」和呼吸應該也是細微的。

vidhāraṇa（有控制）這個字中，vi-是表示以特別的方式；dhāraṇa是控制、節制，不是完全制止。你控制呼氣，慢慢地、細長地、專注地呼氣，重點是呼氣要「受控」。瑜伽體系中所有的呼吸方式，沒有哪個可以比得上這樣的呼吸方式。

我希望每一個來到我們學院的人，從一進門開始，就能夠用這樣的方式呼吸。在登記入住的時候，我們的接待人員就應該提醒你要時時記得如此呼吸。

附帶一提，這種呼吸方式在哈達瑜伽也用得上。呼吸越緩慢，你的動作就越能慢下來。你要能夠如此緩慢地做，而絲毫不覺得沉悶或者昏昏欲睡才算是功夫。例如，我做一套「拜日式」十二動，不用上三十分鐘我是做不完的。如此緩慢的動作，一般人會感到昏沉，這是因爲他們的「氣」（prāṇa）是粗重的。如果你有心，能夠作意的話，氣就會變得細緻。所以氣的狀態完全依你的意志而定，你們都因爲還沒有下定決心，沒有發心，所以控制不了自己的氣息。

這一句經還要配合第三十三句經的「慈悲喜捨」觀才行，沒有慈悲喜捨的修行，你的調息法就練不成。縱然你用上無數時間去練各種呼吸法，都不會有成就的。

I.35 viṣhayavatī vā pravṛittir utpannā manasaḥ sthiti-nibandhani

或極專注對象所生體驗，以固心得止。

經文拆解註釋

viṣhayavatī：有感官經驗、體驗到感官的對象

vā-：或者、也是

pravṛittiḥ：極度專注

utpannā：生起、顯示

manasaḥ：心的

sthiti-：穩定

ni-bandhanī：鎖住、繫縛

全段白話解讀

或者，由於極度專注於非常精微乃至天界的對象，生起這種直接的體驗，也能夠讓心念穩固得止。

這句經文的關鍵字是pra-vṛitti（極度專注），大家做各種各樣的調息法，但是仍然無法控制自己的呼吸。vṛitti是「心念」，也就是心的作用。加了pra-則是高強度「心念」，即非常專注地體驗。如果你選定了一個「心念」，專注於這個「心念」，直到完善，那就是pra-vṛitti。如此專注的對象不是一般感官所體驗的對象，而是由精微身的感官所覺知的對象，乃至於天界的對象。詳細的練習方式在《瑜伽經》第三篇第二十五句經才談到，此處僅是簡單一提。

威亞薩說：「將心念專注於鼻端一點，可體驗到天界之香（gandha-pravṛitti）；將心念專注於舌尖一點，可體驗天界之味；專注於上顎，體驗天界之形色；專注於舌中央一點，體驗天界之觸感；專注於舌根，體驗天界之音聲。」

他說的鼻端一點，不是「哈達瑜伽」（haṭha-yoga）所說的鼻頭尖端，而要遵從「禪定瑜伽」（dhyāna-yoga）的說法。根據我們的傳承，所謂鼻端是上嘴唇人中頂端與鼻樑骨底部結合的那一點，位於左右鼻孔之間。功夫到了這個地步就是一種「成就」（siddhis，或者說「神通」），但是起了這樣的「成就」，如果覺得自滿，沉迷在其中，反而會阻礙進步。

威亞薩繼續說：「起了如此的體驗，能牢牢地穩固心念，對於禪定之道生起信心，是進入三摩地之門徑。如此的體驗，也可以因專注於其他對象，例如月亮、太陽、星辰、寶石、燭光等等而有。」

既然只是門徑，所以不要停留，要繼續前進。有人會問，專注於一般的香味，例如花香，是否也有同樣的效果？答案是，世間的對象是無法吸引你起到如此的專注力，如果你體驗過這裡所講的種種天界的對象，就會明白外在感官所覺知到世間的色聲香味觸，相比之下根本不值得一顧。所以當你起了這種殊勝的體驗，心自然會變得非常穩定，能夠靜止。然而，我還是要重複一句，它可以除去疑念生起信心，但只能視為進入三摩地之門徑，不是最終目的地，不要在此流連，否則它就是一種干擾。當功夫到了，你的「心念」（vṛitti，一般的心念作用）會自然成為極度專注心（pra-vṛitti），無須刻意去求它。

I.36 viśhokā vā jyotiṣhmatī

或無憂澄明。

經文拆解註釋

viśhokā：免除憂苦

vā-：或者、也是

jyotiṣhmatī：光明、清澄、布滿光明

全段白話解讀

或者，極度專注而導致無憂苦體現，

此即稱爲澄明境地，心也能因而穩固得止。

這句經文是接續上一句經，還有另外一個「極度專注」法（pravṛitti）讓心地穩固得止。這裡有兩種極度專注，一種是viśhokā（免除憂苦），另一種是jyoti（光明）❷。本篇第三十五、三十六句經所講的幾種極度專注，所導致的結果載於第三篇第二十五經，應該一起研讀。

威亞薩說：「將念頭專一於心穴之蓮花，體驗布提❸的純淨『悅性』光明澄澈，有如天空。當你能夠熟練穩定地留在如此境地，日月星辰寶石之光都會在那個布提的覺知中顯現。」這是第一層的極度專注，仍然有個專注的對象，對象就是自己內在的光。當然，這些也是屬於我們前面所說的「夢想」（vikalpa），你可不要沉迷於其中。它所以是「無憂無苦」，因爲此時的光是純「悅性」的，導致憂苦的「動性」和「惰性」已經不顯著。

他接著說：「當心地完全融合於『有我』（asmitā），變得平靜無邊，有如不起波濤的一片汪洋大海，此時心地所了知的，只是『有我』。❹」這是第二層的極度專注，也是更深一層的「無憂無苦」境地。此時已經失卻客觀的對象，所存在的唯有那個主觀能專注的「有我」。這稱爲「澄淨光明」（jyotiṣhmatī）。

什麼是「有我」？前面說過，當本我的光照入布提這面鏡子中，覺性和物似乎結合，「有我」就出來了。「有我」的「我」可不是「梵」（brahman）那個本我，而是這個一己小我的開始。

或者有人會問，心地的穩固得止和證得自性本我有何關係？答案是，我們長久以來種種顛倒夢想累積所形成的習氣，要一再印證眞理於心才能革除。若是心地不穩固，則習氣無法根除。此外，心地要能止才能無執，能終極無執才能證到非智三摩地。

I.37 vīta-rāga-viṣhayaṁ vā chittam

或心地以無貪戀者爲對象。

經文拆解註釋

vīta-：無有

rāga-：貪戀、執著

viṣhayam：感官之對象

vā-：或者

chittam：心地

全段白話解讀

或者，心地以那些已經沒有任何貪戀執著的聖者爲對象，
也可以變得穩固。

整部《瑜伽經》裡面我最喜歡的二句經文，一是這句經，另一句是前面的第二十三句經。這句經文中，心地所集中注意的對象是那些聖者，他們已經沒有任何的貪戀執著，沒有任何世俗的染著。雖然文字上說，聖者是心地集中注意力的對象，實際上，是他們降臨到你的心地中，所以你的心地才完全浸潤於他們的所在。聽來不可置信，卻是千眞萬確的。每當有人要我在書上簽名時，我常常會寫上：「願你的心成爲聖人所屬意的居所。」大家都不懂這是什麼意思，所以需要解釋。這也跟前面第二十三句經提過的「憶持」（abhi-dhyāna）有關。

當這些聖者來到你的心中，你的心識就成爲他們的心識，你的行爲就成爲他們的行爲。他們想要做什麼，你就會去做什麼，他們想要你進入某種境地，你就會進入那個境地。這是瑜伽最神秘之處，是上師與弟子關係最神秘之處，能夠碰上的人是非常幸運的。這不是那些所謂被什麼靈界東西附體，很多人迷信的那種現象。你要明白，只有弱勢的心靈才有可能受到那些東西所影響，你走在禪定靜坐的正道上，你的心靈是光明強勢的，所以不要被那些說法所影響，更不會擔心害怕。我就從來不理會這些事。

印度偉大的史詩《摩訶波羅多》（*Mahābhārata*）中，有個英明的國王賈那卡（Janaka），他是一位心性修行很有成就的人。在他還未開悟之前，一天有位雲遊四方的女聖人來到他的宮廷。你們要知道，開悟的聖人，他的心靈就像一塊磁鐵，非常吸引人，但凡人往往誤以爲是一種生理上或容貌上的吸引力。國王從未見過如此貌美的女人，就問她爲何要雲遊四方，晚上睡在何處。她回答：「我今天晚上就睡在你的腦袋裡。」長話短說，那一晚，國王賈那卡就得到聖人的啓引而開悟了。

這不同於傳說中瑜伽士所做的一種叫做「換身法❺」（parakāyapraveśhana）的法術，那是換一個肉身，就像是用蠟燭之火點燃另一根蠟燭，然後熄滅原本的蠟燭。說起來也沒什麼稀奇，不過你可別要求我示範，我不會。

I.38 svapna-nidrā-jñānālambanaṁ vā

或以夢境睡眠爲所觀緣。

經文拆解註釋

svapna-：夢境

nidrā-：睡眠

jñāna-：知、覺知、觀察

ālambanaṁ-：所緣、所攀緣之對象、支撐之物

vā：或者

全段白話解讀

或者，在靜坐時，

心地以夢境或睡眠爲所觀察、所依緣的對象，因而得止。

瑜伽士心地能夠穩固得止，有時候是因為他可以從夢境或睡眠中得到知識。例如基督徒在夢中見到耶穌，印度教徒在夢中見到克里希那或拉瑪，佛教徒夢見佛陀等等。神只有一個，但是在夢境中所見到的，是按你所習慣的形式出現。弟子夢見上師也是一個例子。至於從睡眠中得到知識，所指的是「瑜伽睡眠」（yoga-nidrā）。

ālambanaṁ是你所攀緣或是支撐你的東西。例如你倚靠著一面牆站立，牆就是支撐你的東西。禪定靜坐時，你心所專注的對象就是那個「所緣」，只有在「非智三摩地」時才沒有所緣，心沒有了專注的對象。上師會改變你的心理狀態，你原本所依賴、所依靠的，他會把它奪走。我們的觀念成見是我們最執著最愛的東西，也是我們最大的束縛，所以只要是你愛的，他就會奪走。

然而，你在夢境中見到神聖的景象，以及你在瑜伽睡眠中所體驗到的，可以做為你觀想、靜坐時的所緣，你的心地能因而得到穩固。你會問，我要如何判斷自己所夢見的是神聖的或是幻想呢？假如你的心因為那個夢而平靜，它就是神聖的。如果你在夢中得到某種指示，你因而覺得輕快且寧靜，那指示對於你就是正確的。否則就是一種幻想，就是屬於前面所說的「夢想」。

I.39 yathābhimata-dhyānād vā
或專注所愛對象。

經文拆解註釋

yathā-：如、隨

abhimata-：認同、喜愛、選定的對象

dhyānāt：由於靜坐、禪定

vā：或者

全段白話解讀

或者，在靜坐時，

因爲專注於自己所認同或喜愛的某個對象，心地因而得止。

《瑜伽經》第三十三句經到第三十九句經給了我們種種「轉化心地」（chitta-parikarma）的修練法門（abhyāsa）來轉化心地、淨化心地、美化自心，所以能徹底穩固得止，到達第四十句經所描述的境地，因而準備好進入第四十一句經的三摩地。

爲了要讓心地能夠穩固得止，從第三十五到第三十九句經列舉了幾種專注的對象。至於能夠做爲專注的對象很多，可以說「心念」有多少種，就可以有多少種禪定專注的法門。有一本密教的瑜伽典籍列出的專注法多達一萬三千種，另外在一本非常非常重要的密教典籍《拜若瓦自性實證》（*Vijñāna-bhairava*）中，則列舉了一百多種能夠觸發實證自性的方法，我希望有天能帶大家研習❻。

專注的重點在觀察自己的心去到哪裡，是不是能夠定在那裡，要不斷地觀察、觀察、觀察。有專注於外在的對象，也有專注於內在的對象。內在的對象，例如觀察自己的心去到哪個脈輪，就學會定在那個脈輪。有人問，如果只定在一個脈輪是否會不平衡？如果你眞能定在一個脈輪裡，絕對不會有失衡的問題。前提是你要學會什麼才是眞正所謂的定在脈輪裡。

你必須要先明白脈輪究竟是什麼。它不在你身體裡面或表面，它完全超越了肉身層，肉身層反而是由脈輪所生出來的。有的人觀想自己的心窩處有個曼陀羅，說這就是在觀想心脈輪。這只能算是一種入門的方便，是在做表面功夫而已。不到「穿透」脈輪中心的「明點」（bindu），你是不能夠定在脈輪裡的。

所謂的喚醒脈輪也是一種迷思。脈輪永遠是醒著的，是你在昏睡，是你沒有醒覺它的存在。真正喚醒脈輪的意義，是你終於能覺知到脈輪的存在。

I.40 paramāṇu-parama-mahattvānto'sya vaśhīkāraḥ

極微塵至極巨規模，均得掌握。

經文拆解註釋

parama-aṇu-：（由）最小的原子粒、極微塵

parama-：（直到）最終極

mahattva-：規模

antaḥ：延伸至

asya：這個的

vaśhīkāraḥ：能力、掌握、控制

全段白話解讀

此瑜伽士的能力，

由最細微的原子粒一直到最廣大規模的，都可掌握控制。

由於前面第三十四～三十九句經列出種種「修練」的準備功夫，讓心地淨化而能夠「心地轉化」，最終結果就是這句經所說的vaśhīkāra，也就是完全掌握控制，即精通之意。這句經文是在回答一個問題，要怎樣證明瑜伽士已經徹底精通所有的修練功夫，能做到心念「專一」的地步？答案是，瑜伽士到了這個地步，無論是最細微的原子粒，或是最廣大規模的，以及任何介於最小和最大之間的，他的心都可以隨意前往，並且定在那裡，要定多久都可以。

瑜伽士到了這個地步，他就不需要再做修練，因爲他的心地已經徹底轉化，已經完成準備了。

譯註：

❶大乘佛法稱為「無量心」。

❷本經涉及非常深奧的觀想修定法門，作者在新版的《釋論》中略微敘述觀想的步驟，但是強調學生仍然必須跟從有實證經驗的老師耳傳面授，才可修習成功。

❸請參閱第二句經中有關「布提」的說明。

❹請讀者參閱本篇第十七句經對「有我三摩地」的說明。

❺據說道家中有類似的法叫做「廬舍法」，西藏密教中稱為「頗瓦法」。

❻喜馬拉雅瑜伽學院曾於2014年10月邀請國際知名學者Dr. Bettina Bäumer女士就這一部經典做了一系列專題演講，也留下授課過程的錄音，意者請洽：ahymsinpublishers@gmail.com。

各種三摩鉢地：融合與三摩地

第41～51經

I.41 kṣhīṇa-vṛitter abhijātasyeva maṇer grahītṛi-grahaṇa-grāhyeṣhu tat-stha-tad-añjanatā samāpattiḥ

心念平息，純淨似寶石，
合於能執取、執取、所執取，此乃三摩鉢地。

經文拆解註釋

kṣhīṇa-vṛitteḥ：「心念」已經平息

abhijātasya：純淨的

iva：似乎

maneḥ：寶石、水晶

grahītṛi-：能領受者、能執取者

grahaṇa-：領受（執取）之過程、領受（執取）、領受（執取）之工具

grāhyeṣhu：所領受（執取）之對象

tat-stha -：變成穩定於它們之上

tad-añjanatā：與它們融合

samāpattiḥ：三摩鉢地、融合

全段白話解讀

當心地的「心念」已經平息，心地將有如純淨通透的水晶，能反映它周圍物件的影像和顏色❶，所以能夠(1)穩固定於及(2)融合於：能領受者、能執取者；有所領受、執取；所領受對象、所執取對象。這就叫做三摩鉢地❷。

這句經文比較深奧，從第四十一句經到第五十句經爲止，都是在闡述有智三摩地。由於這是個初級班的課程，我們在此只能非常簡單地做一下解說。

經文裡面有三個名詞，就是「能執取者」（grahītṛi）、「所執取對象」（grāhya）及「執取」（grahaṇa）。「執取」（或者說「領受」）就是我們用感官所覺知、所感受的作用，又分爲主、客、取三支❸：(1)能領受執取的主體；(2)所領受執取的對象，例如眼睛所見到的形色；(3)領受執取，就是領受執取的過程或是感官。到了三摩地的境地，這三支就不再是分離的，會融合成爲單一個。

我們可以畫個三角形，有a、b、c三個頂點。底部bc這條線段是能領受者，ab這條線段是領受、領受的過程和作用，而ac這條線段則是所領受的對象。在這個三角形的中心有一個「點」（bindu），當三角形的三個邊都消融到這個點，不再有ab、bc、ac三條線段，那就是三摩地的其中一個意義。這個三角圖形就是個「陽特拉」（yantra❹）。我們就講到這裡爲止。

I.42 tatra śhabdārtha-jñāna-vikalpaiḥ saṅkīrṇā sa-vitarkā samāpattiḥ

其中摻合言語、文義、所知之空想或別想者，為有尋三摩鉢地。

經文拆解註釋

tatra：其中

śhabda-：字語、言語

artha-：意義、名字所指稱的對象

jñāna-：知識、所知

vikalpaiḥ：想像所認知、空想、夢想、別想

saṅkīrṇā：混合、摻雜

sa-vitarkā：有尋、伴隨粗念

samāpattiḥ：三摩鉢地

全段白話解讀

前面所說的三摩鉢地之中，混合了言語（字）、言語所指稱的對象（義）及所知識（知）之空想或別想的，叫做有尋（有粗念）所伴隨的三摩鉢地。

第十七句經說三摩地有四種：(1)有尋（又稱「有粗念」或「有覺」）三摩地（sa-vitarka samādhi）；(2)有伺（又稱「有細念」或「有觀」）三摩地（sa-vichāra samādhi）；(3)有喜三摩地（ānandānugata samādhi），以及(4)有我三摩地（asmitānugata samādhi）。

有尋三摩地又再細分為「有尋」（sa-vitarka）和「無尋」（nir-vitarka）兩種三摩鉢地，分別是第四十二句經和第四十三句經所敘述的內容。第四十四句經，則把有伺再分為「有伺」（sa-vichāra）和「無伺」（nir-vichāra）兩種。這是個非常大的題目，我們也只能簡單說明。

正如同第四十一經列出能執取者、執取、所執取的三角關係，我們對言語也分為：言語本身（字，śhabda）、言語所描述的對象或言語的意義（義，artha）、言語所傳達的知識或認知（知，jñāna）。

例如「牛」這個字，它的意義是什麼？就是你在草原上看見的那個對象。「字」和它的「義」結合，我們心中才對這個對象有了「知」（認知）。這三者在我們的經驗來講似乎是一體的，其實它們的發生是有先後的：字、對象（義）、知。當然這生起的速度極快，所以我們不覺得它們是分開來的。這個過程叫做「別想」（vikalpa），和第九句經中所說的vikalpa不同。第九句經的vikalpa指的是「夢想」、「空想」，是屬於一種「心念」；而這裡的vikalpa雖然也有空想的意思，但還有另一層意義。把字、對象、認知三者混為一談的，就是空想。對於心念比較細的人，他能將三者區別開來，這就是「別想」，是另一層意思。就這個問題，自古以來的語言學家、哲學家不知道寫過多少論著❺。

不論是空想或是別想，以言語、對象、認知爲專注對象而入三摩地的，就叫做「有尋三摩鉢地」，這是比較低層次的三摩地，心還沒能專注於眞正單一的對象。

I.43 smṛiti-pariśhuddhau svarūpa-śhūnyevārtha-mātra-nirbhāsā nir-vitarkā

若憶想清淨，似無自身，唯照耀對象，為無尋三摩鉢地。

經文拆解註釋

smṛiti-：記憶、覺知

pari-śhuddhau：一旦完全清淨

svarūpa-śhūnyā：沒有自己的形狀

iva：如同

artha-mātra-：唯有那個所指稱的對象

nir-bhāsā：光照的

nir-vitarkā：無尋（沒有粗念）

全段白話解讀

一旦記憶、覺知完全清淨了，心地自身彷彿空無所有，唯有照亮所指稱的對象，這就是所謂的無尋三摩鉢地。

無尋三摩鉢地是那個「字、義、知」的認知過程都停掉了，整個心地和所專注的「對象」（義，artha）合而爲一。在這個時候，不再有「我在專注於『牛』」，或者「這個字所表示的『牛』」這類的念頭；而是整個心念，或者說整個「布提」，都成了牛，這才是眞正如實體驗牛，你才會完完全全認識牛最精微、最微妙的部分。

I.44 etayaiva savichārā nirvichārā cha sūkṣhma-viṣhayā vyākhyātā

同理可明，有伺與無伺以精微者爲對象。

經文拆解註釋

etayā：由此

eva：正是

sa-vichārā：有伺、有細念

nir-vichārā：無伺、無有細念

cha：而且、以及

sūkṣhma-viṣhayā：精微之對象

vyākhyātā：如此解釋、如此定義

全段白話解讀

同樣道理可以定義，

有伺三摩鉢地以及無伺三摩鉢地所專注者乃精微之對象。

如果你懂了有尋、無尋三摩鉢地，同樣的道理你也會明白有伺、無伺三摩鉢地，就是不再有主、客、取分離的三角關係。

在有伺、無伺三摩鉢地，所專注的是「精」（精微，sūkṣhma）的「對象」（viṣhayā）；而有尋、無尋所專注的對象則是「粗」（sthūla）的。至於什麼是粗的對象、什麼是精的對象，我們就不一一說明，請參考我寫的《釋論》那本書的第246～247頁（新版《釋論》第346～347頁）所列的三個表（已收錄於本書附錄1，見272頁）。我們現在無法講解的原因，是你必須先要下功夫學習「數論」才能懂得那三個表裡面的種種分類，這沒有捷徑可走。我們從小就聽過一句名言：「求知識就不能求舒適。」追求享受的人怎麼會有知識？

I.45 sūkṣhma-viṣhayatvaṁ chāliṅga-paryavasānam

且精微對象貫及無徵者。

經文拆解註釋

sūkṣhma-：精微

viṣhayatvaṁ：做爲對象

cha：以及

a-liṅga-：無徵、無形狀

pary-avasānam：直到、終於

全段白話解讀

而且，所專注的精微對象

一直延伸到最終無形無狀的原物。

這裡還是牽涉到「數論」哲學的觀念。「原物」(prakṛiti) 是一切「物」的源頭，但是它完全「無徵」(a-liṅga)，沒有任何特徵形狀。由原物所次第衍生出來的一系列分類，則統統是有「徵」(liṅga) 的。這些「徵」，有的是肉眼看不到，但是心念可以觀得到的。我覺得原物或許可以比擬成現代科學家所假設的「黑物質」(dark matter)，我還不能肯定的原因是我對所謂黑物質的了解還不夠深入，所以不敢說它就是原物。黑物質是不可能見到或觸摸到的，只能經由推論說它是存在的。原物是最精微的物，它是混沌不分的。由原物演化而來的衍生物都有個別的特徵，所以就有了差異性。

在有伺、無伺三摩鉢地，所專注的精微對象，一層比一層更精微，一直延伸到原物。這些不是普通感官所能領受執取的外在對象（因爲感官所能領受執取的，僅限於「粗」的對象），只有瑜伽士的心識才能領受執取精微的對象，乃至於原物。原物是宇宙世界還沒產生之前的混沌狀態，而相較於原物，宇宙世界則渺小有如一粒沙。原物之廣闊，是我們凡人無可思議的，典籍中說，原物是完全開悟者的遊樂場。所以你想玩，爲什麼不去這個遊樂場玩？

I.46 tā eva sa-bijaḥ samādhiḥ

彼等正是含種三摩地。

經文拆解註釋

tāḥ：那些

eva：個個正是

sa-bijaḥ：有種子、含種子

samādhiḥ：三摩地

全段白話解讀

那些三摩鉢地，

正是屬於帶有種子的三摩鉢地。

前面所講的四個層次的三摩鉢地：有尋、無尋、有伺、無伺三摩鉢地，每一個都還是屬於「含種」（sa-bija）的三摩鉢地。意思就是它們仍然會留下「心印」（saṁskāra），心印就像是種子，埋入心的田地中，會變成習氣，會有業報，就仍然是束縛，不是終極的解脫。

I.47 nirvichāra-vaiśhāradye'dhyātma-prasādaḥ

精於無伺，則靈性清明。

經文拆解註釋

nirvichāra-vaiśhāradye：當精於無伺

adhyātma-：靈性的、跟「本我」(ātman) 有關的

prasādaḥ：清明愉悅

全段白話解讀

當瑜伽士完全精通了無伺三摩鉢地，

就能有靈性境地的清明愉悅。

什麼才是這裡所謂的熟練、精通（vaiśhāradya）？答案是，心要能靜止、穩定地流動（注意，是流動中的靜止和穩定，不是死寂如一潭止水），是清澈的，不受制於「動性」和「惰性」，是純「悅性」的「布提」，它表面的雜垢已經被清除，流露出光明的本質。

當瑜伽士的無伺三摩缽地能精到這個境地時，威亞薩說：「智慧（prajñā）光明展現，不再受次序所困。」次序是先後次序，此刻我們生活中的一切都受制於先後次序，所以才受制於時間。瑜伽士則能夠擺脫過去、現在、未來的時間次序。

威亞薩引用其他經典說：「清明、智慧已成就，智者乃永離憂苦，俯視憂苦中之世人，若站立於山峰者俯視地面之眾人。」這並不是說智者自認高於凡人，而是說如此大智之人俯瞰、照應世人，這正是佛教「觀自在菩薩名號❻」的意義，而在我們學院中也擺著觀自在菩薩的聖像❼。

I.48 ṛitambharā tatra prajñā

彼智慧所載爲眞實。

經文拆解註釋

ṛitam-bharā：載著眞實

tatra：那裡

prajñā：智慧

全段白話解讀

由那裡產生的智慧，所傳載的即爲究竟眞實。

前面那句經文（第四十七句經）的境地中，所產生的智慧能「傳載眞實」（ṛitam-bharā）。《吠陀》（*Vedas*）在印度被視爲是神啓的最基本聖典，其中提到眞理、眞實會用到兩個不同的梵文字，一個是大家熟習的satya，另一個是本句經中的ṛita。在《吠陀》中，前者是指相對眞實，後者則是絕對的究竟眞實。例如別人問你：「吃過飯了嗎？」你回答：「是的，我吃過了。」這個回答是眞實，是satya，只屬於相對眞實。而ṛita 在《吠陀》中的意義是永恆的法則❽，不像satya是可變的。在究竟眞實中，不可能有任何相對的、對立的。

I.49 śhrutānumāna-prajñābhyām anya-viṣhayā viśheṣhārthatvāt

學習推論而得智慧，與特殊義者不同領域。

經文拆解註釋

śhruta：學習

anumāna-：邏輯推理

prajñābhyām：（由此而來）智慧

anya：不同

viṣhayā：領域範圍

viśheṣha-arthatvāt：特殊目的、特殊意義

全段白話解讀

能傳載究竟眞實的智慧有其殊勝的目標及意義，

這和由學習得來、由邏輯推理得來的智慧，

是屬於完全不同的領域。

凡是由學習經書、聽聞上師教導所得來的知識，或由推理得來的知識，都不是眞知識、眞智慧，和前面所說的能「傳載眞實」（ṛitam-bharā）的智慧不同。它們的不同，在於範圍領域不同、目的不同，作用也不同。聽聞學習和智力思辨，無法領悟到究竟的眞實。

當你有了那種傳載眞實的智慧，你就能有一切的智慧。多年以前我在美國做過一次演講，題目是「懶人悟道良方」。我的主張是，如果你想偷懶，乾脆做個百分百的懶人。你一生總該要有一件事可以讓你自豪做到百分百圓滿完美，懶惰就是其中一項。你打坐時身體、腿子都不動了，爲什麼心就不能也偷懶一下？讓心也不要動，讓它徹底偷懶。如果你的心不能做到百分百的懶惰，你就不會到達三摩地境界。

I.50 taj-jaḥ saṁskāro'nya-saṁskāra-pratibandhī

由彼而生心印，可消其他心印。

經文拆解註釋

tat-jaḥ：由那個而有

saṁskāraḥ：心印

anya-：別的

saṁskāra-：心印

prati-bandhī：會阻礙、節制的

全段白話解讀

由此三摩地智慧所產生的心印，

能防堵、化解其他的心印。

當你到了三摩地境界，你仍然會從事世間的活動，盡你的義務，可是你的作爲不會再留下世俗的心印。所以已開悟的大師爲世人服務，他們能做一切事而不留下心印，也就是說他們的行爲不會造業。如果他們轉世再來，是因爲他們有再入輪迴拯救眾生的願力，不是因爲業力果報的牽引。你可以說他們不會爲自己結任何果，可是整個世界卻又坐享他們努力的成果。

完全解脫的人不會留下心印，不會再造新的業。

I.51 tasyāpi nirodhe sarva-nirodhān nir-bījaḥ samādhiḥ

彼亦受控，以一切均受控故，得無種三摩地。

經文拆解註釋

tasya：那個的

api：即使

nirodhe：受控

sarva：全部、一切

nirodhāt：由於受控

nir-bījaḥ：無含種、沒有種子

samādhiḥ：三摩地

全段白話解讀

即使那個智慧的心印也受控，一切心印均受控，

因此得無種子三摩地。

第五十句經說，無伺三摩鉢地的智慧所留下的心印，能夠防堵抵銷世俗的心印，但仍然還是有心印，就還是「含種」，是帶了種子的三摩鉢地。但是到了無種子三摩鉢地，連那個三摩地智慧的心印也受控了，所有智慧的心印都不留下，一切心印自然都受控，就完全沒有種子了。這是非智三摩地，是本篇《三摩地篇》最後一經。

根據本篇第三句經，當一切心印都不留，見者（也就是本我、覺性之力）就能安住於自己本性之中，稱爲「得獨耀者」（kevala）和「得解脫者」（mukta）。

願你們能好好學習，早日登達三摩地妙境。

譯註：

❶根據作者《釋論》書中所做解釋，這裡的意思是經過前面的種種「修練」和「無執」，心地能夠清澄，心地有如一塵不染的鏡面，可以如實反映它所專注的對象。本句經用通透澄明的水晶（寶石），來比喻「心念」已經止息的心地。

❷根據作者《釋論》書中所做解釋，「三摩鉢地」包括了第17句經所列舉的四種「有智三摩地」（但還不是非智三摩地），是心地完全清除了不純淨的雜質之後，所以能融合於心地所專注的對象，以至於二者無法區別開來，猶如盛在白色大理石杯中的牛乳和石杯不能區分。

❸瑜伽哲學（或者說印度哲學）中，任何的作為都有三個部分（三支）：行為者（主體）、行為本身及行為對象（客體）。所以不是主、客（能、所）二分，而是主、客、取三分。

❹yantra是以幾何圖像來表示某種真理的密法，最著名的是Srī Yantra（又名Srī Chakra）。

❺中國古代百家之一的「名家」所講的名實之辯似乎也是在談這個問題，「名」就是「字」，「實」就是「義」、對象本身。

❻斯瓦米韋達在別處說過，「觀自在」（avalokiteśhvara）名號中的字首ava是往下、lokita是視，所以avalokita是由上往下俯視的「觀」。字尾īśhvara（伊希伐若）則在《瑜伽經》本篇23句、24句經提及（字根īśh-的意思是「主宰」，伊希伐若就是能依一己願力普世救度者）。當然，佛家的「伊希伐若」（譯為「自在天」），跟《瑜伽經》及印度其他教派所尊奉的伊希伐若是否相同，則是另一個問題。但斯瓦米韋達又拋出一個非常有趣的話題，他說，只要是名稱中帶有「伊希伐若」的神明，最終都和「希瓦」（śhiva，舊譯「濕婆」）有關，所以觀自在菩薩和希瓦有密切的關係。至於「觀自在」為何在中國會變成「觀世音」，兩者是同是異，這也是非常有趣的議題。

❼斯瓦米韋達說過，他最愛的神明是「觀世音菩薩」，在他的寢室和辦公室中擺放著許多亞洲弟子送給他的觀音像，他說看到觀音，就像看見慈母一樣。在學院中有座小形的聖母廟，裡面所供神像的面容、微微俯身的造型和所持的手印，都依照斯瓦米韋達的指示融入觀音菩薩的影子。

❽ṛita 似乎很接近老子《道德經》中「道」的觀念。

附錄

數論哲學概要

第一講

印度的哲學系統大致上可以分爲六派，就是勝論（Vaiśheṣhika）、明論（Nyāya）、彌曼沙（Mīmāṁsā）、吠檀多（Vedānta）、數論（Sāṅkhya）、瑜伽（Yoga）。這些是所謂「主流」的哲學，也就是以吠陀（Vedas）爲根底的印度哲學。當然，印度還有許多其他「非主流」的哲學派別，例如佛教哲學、耆那教（Jainism）哲學，以及一些無神和唯物論的哲學等等。

我們現在要談的是古樸的哲學，是「神學」的成分沒有給分離出去的哲學。現代的人，尤其是西方人士，已經把哲學給學術化了。變得講究結構，講究規範，連神學都不例外。這是受到了希臘古典學派的影響，是亞里斯多德率先把思維的模式整理出一套規範，使得希臘的哲學思維變得有系統、有條理。可是等到基督教傳進了希臘，原始基督教重視神啓的精神和情懷，就把希臘本有的哲學規範給推翻了。一直到了十三、十四世紀，文藝復興主義開始抬頭，希臘古典哲學的思維方式又重新受到重視。聖湯瑪士・艾奎那（St. Thomas Aquinas）把基督教的神學做了規範整理，神學就變成了一種正式的學院派哲學。

從西方學術界的觀點來看，印度的六派哲學是各自分離的體系，是壁壘分明的。可是印度傳統的觀念是注重協同調和，是注重求同存異的。所以，我們雖然承認各派哲學有所不同，但是那只表示各學派有自己專精的領域，有自己獨到之處，各自用不同的手段和觀點，探索同一個宇宙的奧秘，追究人類共同的終極歸宿和神性。這是在研讀印度哲學時，首先要明白的一個觀念。

勝論

勝論是關於物理和化學的最早學問，分析事物的特殊性，稱爲「勝」（Vaiśheṣhikas）。譬如，勝論探究什麼是鐵？什麼是銅？構成物質最細微、不可再細分的原子是如何互動的？這方面的知識如何能幫人類悟出人生的眞理？在印度的傳統哲學領域裡，對所有問題的探討，最終都要與人有關，要與人類心靈底層那股追尋和蒼冥合一的渴望有關。否則，就是無用的探討。所以，不管勝論的哲學家如何去探究物理和化學的問題，他們總是不離「法」（Dharma，亦有美德的意思）。《勝論經》一開始就說：「現在，讓我們開始對法的探討。」只有「法」才能夠讓我們得到一切入世的和出世的成就。所以勝論哲學不否定「物」，它要分析物的特殊性，探討人與物在心靈上的關係。

此外，勝論哲學還和醫學有關係。在古代的希臘、印度和中國，煉金術就是今日化學的鼻祖，那時候的人用盡辦法想把銅和水銀給煉成黃金或銀。心理學家榮格（Carl Gustav Jung）曾經做過深入的研究，認爲煉金術在心理和精神上有其深層的寓意，所以煉金術並不單是指把基本金屬煉成貴重金屬。在印度的傳統醫學中有一門功夫叫做「羅薩衍那」（rasāyana，類似中國的煉丹術），是修煉長生不老之術，而rasāyana也是印度煉金術士所使用的名詞。後世闡述勝論哲學所使用的許多術語，到今天在印度的傳統醫學中都還見得到。

明論

明論哲學（Nyāya）是一套邏輯的體系，Nyāya這個字的另一個意思是司法正義。現代的印度人用到Nyāya這個字，就是指司法正義。司法正義要用到邏輯，沒有邏輯，司法正義就不能伸張。

明論哲學最初的發展，是因爲不論是同門師徒之間的辯論，或是不同門宗派之間的辯論，都需要有一套公認的系統來規範哲學的論證方式。大家要先建立論證邏輯的規則，來判斷推論的結論是否能夠成立，所以明論成爲了一種公認的思維推論方式。如果思維的推論方式都不正確，你怎麼能開悟解脫？明論的原始經文開宗明義就說，只有靠正確的思維方式，才能夠解脫人世面臨的苦境。明論哲學是由十六種部分所組構而成，論證的客體包括了證明有無靈魂的存在、肉身、感覺、知覺等等。

彌曼沙

彌曼沙哲學是印度哲學思想關於「業行」的濫觴，也類同基督教神學理論所探討的「神恩」或是「行善」而得到的救贖。彌曼沙哲學所謂的業行有兩種：iṣhṭa和apūrva。iṣhṭa的業行是果報在這一世不明顯，或者是果報不在這一世發生，例如做宗教的祭祀儀式、禮拜等等。Apūrva的業行是一部分的果報在這一世顯現，而一部分不顯現。譬如，根據古印度的行爲規範寶典，商人或是一般的在家人，必須將收入的一部分捐做造橋修路等慈善公益用途，所顯現的是公眾得到了善報；而不顯現的，則是捐贈人本身因此所積累的陰德和善報。彌曼沙哲學就是在探討業行，所以包括了祭祀的哲學、宗教儀軌的哲學、業報的哲學、什麼是善行，以及原始的「業瑜伽」（karma yoga）等等。至於今天流行的「哈達瑜伽」（haṭha yoga），則和彌曼沙哲學沒有關係。梵文mīmāṁs（彌曼沙）的字面意義是「分析」，是從man這個動詞字根演化而來。man是「祈求沉思」之意，所以彌曼沙就是對祭祀儀禮等等事務和行爲的審思。

吠檀多、數論、瑜伽

吠檀多哲學主張絕對的一元，就是「梵」（Brahman）。數論的「數」（Sāṅkhya），字面本身就有計算、計數、數目的意義。數論也可以翻譯成分辨的哲學❶，分辨什麼呢？譬如說「二」這個數字，我們知道二實際上是兩個一，有了一個，又有一個。「二」是個概念而已，實際上沒有「二」這樣的東西，也沒有「一百」這個東西。所以吠檀多的哲學家主張，宇宙之中只有一個數，那就是「一」，沒有其他的數字。任何其他的數字，都是由於時空因素、地點因素和順序因素所造成的。每個都是「一」，這個是「一」，那個也是「一」。如果你說這是一、這是二、這是三，都是因爲順序和時空所造成的區別，否則每個都只是「一」，所有區別只是相對關係造成的。也可以說，因爲時空順序的不同，本來是一的，反而會成爲二；而本來是二的，反而可以成爲一。所以眞正改變的，只是時空的位置、時空的順序而已。

數論是分辨的哲學，所以根據它的定義，人生的解脫在於能夠徹底把「二」裡面的「一」和「一」分辨開來。你只認得「二」，不能夠把其中的「一」和「一」切割，你把「二」視爲一個單一個體，這就是無明。譬如說，你把自己的身體看成是單一個體，你說「我」是一個人，你認爲自己是單一的。但其實你是個「二」，只不過你認不清、也分不開你自己是有哪兩個。你分不清有一個是能知的「本我」，在數論哲學稱之爲Puruṣha，另一個是無知的「原物」，數論哲學稱之爲Prakṛiti ❷。主張吠檀多哲學的學者會說，數論哲學講到這裡，我們都接受，我們也同意這樣的分辨。但是，接下來你要承認一切就只是「一」，終究是一元的。這可是數論哲學絕對不會同意的。

至於瑜伽學派的經論，就同時有吠檀多瑜伽和數論瑜伽的成分。瑜伽的宗旨在於力行，在於應用，在於經由修行而返樸歸眞。瑜伽告訴我們，不用和其他學派在理論上爭論。所以你去讀《薄伽梵歌》，就會看到像這樣的句子：「只有無知的孩童才會以爲數論和瑜伽是分家的。」所以，我們以爲是「幻」（māyā ❸）的，本來就是原物（prakṛiti），也就是我們的本性。吠檀多的哲學涵蓋了數論和瑜伽的哲學，瑜伽的修行就是吠檀多和數論的實踐。所以，儘管他們最終對於是「一」或「二」的看法不同，但對許多其他事物的觀念還是一致的。吠檀多的經論用了大量數論哲學的特殊名詞，因爲從現實層面來講，你還是有「數」的需要。在你沒有到達最終唯「一」的境界之前，你還是得一一去算。所以，蛇是蛇，繩子是繩子，鼻子是鼻子，耳朵是耳朵，沒有人會用耳朵吃飯。我的上師斯瓦米拉瑪說過：「我見過許多、許多、許多的瘋子，就沒見過他們有哪一個會把食物往耳朵裡放。」所以不論你看到的是哪一層的世界，管你是瘋子或是有道行的人，有些基本層面的東西是一樣的。數論就可以說是爲其他學派做了許多基本共通的研究功夫。

數論派會說：「當你能分辨出來，什麼是能知、什麼是所知、什麼是能知的本我、什麼是所被知的原物，能夠不再混淆二者，你的修行就到頂了，沒有更高的了，這沒什麼好爭辯的。」數論派能把你帶到這一個境界，他們不承認後面還有東西了。到這一步爲止，吠檀多和數論是沒有什麼好爭的。以你目前的修持，要想一步到位，證悟到

「梵」[4]（brahman）是不可能的。你還是誤把身體當作蒼冥，還是把身體當成最寶貝的，你對上師的相片頂禮，你把相片當作上師。如果你眞的能達到數論派的開悟境界，不再混淆了，你才能夠更上樓層，才能夠從「二」悟到「一」。

對於我們普通人來講，無法分辨本我和原物，無法分辨什麼是能知、什麼是所知。換言之，我們把原本是「二」的混淆了，誤把那個原物當作本我，根本談不上認清了「二」，然後再超越這「二」，達到唯一的「一」。所以開始修行，先要能夠分清楚什麼是能知、什麼是所知。其後，再上層樓，你才能明白，原來所知也是從能知生出來的。吠檀多哲學是證悟到終極境地的聖哲所體悟的境界，對他們來講，只有不二的「一」。但是你可不要和主張數論的人去爭論，他們絕不會同意的。吠檀多哲學借用了許多數論的名詞，但是他們卻不太肯歸功於數論哲學。他們說：「小池容不下大海，大海卻容得下小池。」

數論和吠檀多哲學都有非常久遠的歷史。有許多的論者，譬如我的上師斯瓦米拉瑪，他認爲數論應該早於吠檀多。最早提到數論哲學的，是《吠陀經》的一句頌文：「二隻美麗的鳥，棲息在同一條樹枝上，其中一隻正在享用漿果，另外一隻在看著，是旁觀者。」在吃漿果的那隻鳥代表被禁錮的靈魂，而在旁觀的那隻鳥則代表解脫的靈魂，或者本我。這就是原始的數論二元觀。

數論哲學有許多聖哲，一般公認集大成的是迦毗羅聖者（Kapila），就像帕坦迦利是集瑜伽學派大成的聖者。我們知道佛陀是在迦毗羅衛城（Kapilavastu）出世，就是迦毗羅聖者所創建道場的所在地。有一個說法，佛陀早年離家出走、四處求道時，曾經在數論派聖者阿羅邏迦蘭仙人（Alāra-kālāma）的道場，追隨過他學習數論。關於這一方面的記載很多，爭論也很多，留傳到現在的也只有斷簡殘章，我們不是在做考證研究，就不用爭論了。

數論派流傳下來的典籍，最古老也最完整的並不是經，而是一部簡短的《數論頌》（*Sāṅkhyakārikā*），或譯爲《僧佉頌》，相傳是迦毗羅傳給阿修力（Asuri），阿修力又傳給般查細迦（Pañchaśhikha）。《數論頌》究竟有三、四千年的歷史，還是只有一千年，都是有爭論的。印度人不注重修史，第一部完整的印度史還是歐洲的考古學者參照古代中國玄奘大師的一本印度遊記《大唐西域記》而寫成的。當然我們也不能盡信歷史，古希臘時代的歷史大師希羅多德（Herodotus）就被譏諷是「謊言之父」（the father of lies）。無論如何，我們可以確認在第六世紀的時候，有一位名叫眞諦（Paramārtha）的佛教僧人，從印度去到中國，是他把《數論頌》譯成了中文的《金七十頌》，保留至今。這可以證明，《數論頌》在第六世紀之前應該已經流通了相當長的時間，才會成爲一支主流，遠傳域外；而且它的地位重要到竟然連佛教徒都需要把它翻譯成中文。《數論頌》一共只有七十二或七十三句簡短的頌文，後來的人再為頌文恢弘作論，這些不同的論又有好幾種版本❺，我們不是在做學術研究，所以不用談這些版本的問題。

我們現在要開始介紹數論的幾個重要的觀念。首先，數論是絕對的「二元論」：本我和原物是永遠分離的。本我（或者說眞我、神我），是能知的元始；而原物是本質，是無知的物。原物有三種「質」性❻：sattva（悅性）、rajas（動性）、tamas（惰性）。當這三種質性處於完全均衡和諧的狀態，就是宇宙萬物未生之前的狀態。當均衡被打亂了，就生出宇宙萬物。所以從這個觀點來看，「生」就是亂，就是不均衡。原物是萬物「未生」之前、宇宙還沒有形成之前的均衡和諧狀態，是無相的。我們所見到的宇宙萬物都是被轉化的原物，是一種「變異」（vikṛiti），甚至可以說是一種退化或腐化。譬如，優格（酸奶）是從牛奶轉化來的，所以優格就是一種牛奶的變異。我們看見宇宙的萬物，都是原物的變異。心靈修練的進步，就在於先能認清一切有相的（包括有形和無形的），都是原物轉化為有相的變異，而變異又產生再變異。我們把所有這些有相的誤以為是我，對它們起了執著，隨著它們的來去生滅而有悲歡離合，就是痛苦的根源。要能返樸歸眞，回溯到原物的無相境界，進而能分辨出原物和本我根本是分離的，就是修習數論的最終目的。

根據數論的哲學理論，沒有開展的原物原本是無相的。那麼，為什麼會產生變異呢？這是因為本我和原物相結合（其實不是眞結合，是近似結合），打亂了原物三個質性均衡和諧的無相狀態，產生了激盪，開展生化變出萬物，就成了有相的。本我就像是個陶工，因爲有他，所以原本混沌的陶泥變成了我們可見的、有形的、具體的、多數的、可分的陶器。譬如，原子在還沒有成形爲原子之前是處於一種無相的能量狀態，它沒有形狀，是融合的本質，是均衡的本質。然後，均衡被打亂，就有了原子核、電子、中子、質子等等，就形成了原子，這就是變異。然後原子又形成某種元素的分子，又成了進一步的變異，分子又變異成各種各樣的化合物。如果要還原成無相的狀態，你就要進行一系列提煉分解萃取，把化合物分解還原成純分子，把分子再還原成原子，每一步都會把形狀變得更精微、更抽象。如果你把原子還原成更初始的狀態，它就成爲一種無相的純能量，是目前的科學儀器所看不見的。

原物不是最初的活體，不是最原始的生命。那個最初有「覺」的，是屬於本我的範疇，和原物不同。你的肉體根本是個死的物，沒有所謂活生生的肉體，甚至也沒有所謂活生生的心念。肉體和心念都是物，是死的，是沒有生命的，它們唯有在本我的攝受之下，才成爲活的。因爲有了「覺」，死的才成爲活的。對於數論派而言，這個肉身的軀殼和外在世界的萬物沒什麼區別，甚至可以說是一體的。

我們可以畫張圖來顯示這個概念，你畫個小的方格，小的方格之外再畫個與小方格四邊平行但是大一點的方格，如此繼續在方格之外畫另一個方格，方格越來越大，層層相套。譬如說（這僅僅是譬喻而已，並不完全貼切）最小的方格中有一個點，那是本我。它外面最小的方格就是本性的原物，這原物擴大成了外面一層的方格，就包括了你認知的心和行動的意，再外一層就有你身體內部的器官和體表的器官、皮膚、骨骼等等。然後再外層是你的家、你所在的城市、國家、洲、地球、這個太陽系、你所在的銀河、宇宙。這一切一切層層方格，只有中心的那一點是「我」，其他全部都是死的東西。這就是數論哲學要你分辨清楚的，兩者是可以明顯切割的：原物，是非我；本我才是我。所有的方格，包括在其中發生的心理的、情緒的作用，愛、欲、恨、憂、悔等等心理，都不是那個「本我」的我，都還是屬於原物，都是悅性、動性、惰性三種「質」相互作用而產生的。

至於「本我」究竟是一個還是多個，也就是說究竟眾生只有一個共同的「本我」，還是個個眾生都有自己個別的「我」，或者說眾生有個別的「靈我」（jīva）？數論派對於這一點有兩種不同的主張。一種教法是主張只有一個完整的「本我」，和一個完整的「原物」；另外一派的主張是有一個超然的、大的「本我」，但是仍然有數不盡的眾生，個個都有個別的「本我」。再細究下去，這個別的「本我」或個別的「靈我」，是從那個超然的「本我」化生出來的呢？還是個個是永久分離的？數論派也沒有統一的主張❼。數論派所謂的「解脫」（mukti），是「本我」覺悟到自己不是這個身體，是分離的，這就是解脫。這樣解脫了的「本我」，就算是究竟了（沒有超然的「本我」），還是要再回歸超然的「本我」，乃至完全泯滅個別的「本我」，融入超然的「本我」？這又都有不同的主張。

這裡你要留心，即使是主張只有唯一超然「本我」的數論派，他還是堅持「本我」之外仍然有個分別的「原物」，仍然是二元的。這和吠檀多論派主張所有都是「一」的一元論不同，也是數論派和吠檀多派不能混爲一談最關鍵之處。

我們現在來總結歸納各家的理論主張，它們的道理可以說都自成一格，也反映出它們各自證悟到的一面。

⑴ 在印度的哲學裡，有一個查爾瓦卡派（Charvaka ❽），是純唯物論，主張一切都只是物。他們常常引用的勸世句子是：「只要還活著，就開心地過活，儘管去借錢，盡情享用牛油，不用擔心還債。一旦身子化成灰燼，哪還計較你做了什麼？」人要盡情在此生去享樂，去大吃大喝，就是查爾瓦卡派的人生觀。

⑵ 第二種理論，是講二元：有物、有眾生個別的靈我。這是耆那教派（Jaina）的主張，他們的開創教主大雄（Mahāvīra），和佛陀是同一個時代的人。耆那教當時的信眾很多，足以和佛教分庭抗禮。不過，因爲他的教義要人以極度苦行來表示虔誠，所以終究無法被大多數人所接受，到今天可能只剩下幾十萬

的信徒。他們的理論是，經過虔誠的修行，個人的靈我（jīva）可以自己昇華成爲個別的神（īśhvara），這就是修行的極致了。除此之外，並不存在一個開創天地的終極之神或上帝。無數眾生個個都有自己分別的靈我，修行在於脫離物的束縛。

(3) 第三種理論，主張有物，也有數不盡的個別獨立的靈我，此外，還有一個普在的本我。這三者的區別在於，物只是「有」（sat，存在），而無數的個別靈我則除了「有」之外，還有有限度的「知」（chit，覺）。普在的本我則是除了「有」、「知」之外，還有第三種特質：「樂」（ānanda）。解脫是靈我和對物的覺知分離，轉而依附於對本我、對神的覺知，但是又不會完全與神結合，僅是在神的周圍。如同一塊在海中浮沉的海綿，海綿中吸滿了海水，但是海綿還沒有成爲海。

這個觀念和基督教的主張有一點不同之處，這裡所指的個體靈我是永遠存在的，也是永遠和其他二者分離的。它對神的覺知就有如一根鋼棒放入火中，它會變得非常熱，但是它的本質仍然是一根鋼棒。如果把它從火中抽出來，鋼棒就會冷卻。在基督教，靈我是神、是本我所創造的。而這個觀念中的靈我，不是被任何人或神所創造的，它過去一向是存在的，未來也會永遠存在。不要問它存在的目的或意義是什麼，永久存在的東西不需要有任何目的，它就是如此，有就是有。

(4) 第四種理論，比前面的理論層次要高，主張個體的靈我是由唯一、至上的本我所散發出來的。所謂解脫，是不再和原物糾纏在一起，和原物脫離開來，重新融入原始的本我之中。依這個說法，個體靈我就像是從火焰中冒出來的火星，它們暫時存在，但是終究會沒入火中。它們是火的一部分，但是看起來又和火是分離的。

(5) 更高的是第五種理論，個體的靈我是不存在的，只有原物以及唯一的本我。但是唯「一」的本我顯現出「多」，而這些「多」各自受縛於是「物」的身體。即使是那「一」的本我，因爲它以整個宇宙爲自己的身體，所以也同樣受縛。所謂宇宙身就是原物，所有的東西都在其中，我們剛才畫的那些方格通通在其中。

(6) 再高一層次，就開始是「吠檀多」的理論。主張「一」，而且唯有「一」，所有的物、靈我都是由這個「一」所顯化而來的，這個「一」就是「梵」（Brahman）。回歸梵，才是終極解脫。數論中的原物，成爲吠檀多理論中的「幻」（māyā，摩耶）。至上的本我成爲吠檀多的「梵」。所以宇宙世界，包括所有生靈神祇都是從「梵」中顯化出來的，經驗到它們的存在是屬於相對的眞實，是低階的眞實。所謂終極證悟，是它們的回歸融入於高階的眞實，入於「梵」。

(7) 更高一層的吠檀多，則認爲根本沒有所謂「冒出來」、「顯化」這回事，他們的讚頌是「既無有說者，也無有聽者，更畢竟無說」，一切所存在的，都只是「梵」、「唯梵」。

這每一層次所謂的解脫，都是依照各自的理論來定義。我們並沒有提到的是，其中還有某些層次是有天神存在以及神明下生來到人間，所以即使「一」的本我、「一」的梵，還會化爲許多神明，例如基督、克里希那（Krishṇa）、羅摩（Rama）、濕婆天（Shiva，希瓦）、韋紐天（Vishṇu），都是「一」所化生成不同的形態。一旦你開始牽涉到神學、下生，就會又多出更多的理論層次。

第二講

學習數論的目的是「分辨」，要找到「那一個」，要在「二個」裡面找到「那一個」，要分辨出哪個是「那一個」，哪個是「另一個」。「數論瑜伽」和佛教有個共通之處，他們都是由「苦」這個問題而開展出來的。究竟是數論借用了佛教對苦的探索，還是數論早就對這個問題發展出一套自己的哲理，然後再傳給佛教，歷史上還沒有定論。我前面說過，佛陀是在迦毗羅衛城出世，那個城市就建在數論開創者迦毗羅所建立的道場原址之上。佛陀早年求道而四處流浪的時候，曾經花了很多時間跟隨過一位數論派的老師，名叫阿羅邏迦蘭仙人。佛陀提出的「四聖諦」是：苦、集、滅、道，「苦」是佛陀所悟到的第一個眞理。

闡釋《瑜伽經》最權威的大師是威亞薩（Vyāsa），如果不讀威亞薩的釋論，你是讀不懂《瑜伽經》的。威亞薩也說：「醫道有四重：病、病因、病除、除病之方，因此解脫之道也有四重：苦、苦因、苦滅、滅苦之方。」這個四諦的鋪陳方式，在印度是早就存在了。

數論哲理的典籍有好幾部，例如上面提到的《數論頌》。我引用的經句出自《數論經》（印度正統的大師都認爲這是一部非常古老的典籍，可是西方學者卻認爲成書於公元十一世紀左右）。經文的第一句是：「茲此，滅除三苦乃人生之義。」這是在爲人生的意義、人生的目的下定義。這是印度哲理所有精義之所在，所有的宗派、史詩例如《羅摩衍那》（*Ramayana*）、《摩訶波羅多》（*Mahābhārata*），所有的理論、教條，都只有一個最終的目的，就是在告訴你人生的意義何在。「人生之義」（puruṣhārtha），有四重。如果你不知道這四重的人生意義，那你根本不了解印度哲學。你稱它爲瑜伽哲理也好、吠檀多哲理也罷，任何名稱都無妨，印度傳統的人生觀都是依據這四個目的、四個意義而開展的。這四個就是：法（dharma）、資糧（artha）、欲望（kāma）、解脫（mokṣha）。

● 法，就是「正道，正行」，是萬事萬物要遵奉的自然規則。首先，它是自然的規律、秩序，宇宙因此才有和諧。其次，作爲人，就是要知曉這個自然的規律法則。第三，知曉了以後，從而要實踐，人生一切作爲就要基於這個自然法則。因此，人世所有的律法、施政、經濟行爲、典禮、儀式、社會活動、一切一切，都要符合這個「法」。

- 資糧，也就是工具，包括所有物質的所需，一切維持個人生計、社會國家生計所需的物資、財物。譬如，個人該從事哪一行職業、該如何建立成功的事業、該有多少財富，乃至國家該徵收多少稅賦，都是資糧。

- 欲望，物質的欲、生理的欲不僅是正常的，也都是成家立業所不可少的。一般的人，如果沒有先具備和體驗法、資糧、欲望，就不可能到達解脫。所以有時候，瑜伽上師爲了縮短弟子達成解脫所需的準備期間，往往會督促弟子快快去滿足欲望。假如說，你的業注定這一輩子能累積到某個一定數目的財富，上師就會要你盡快去賺錢，最好能在短短數年之內就賺到，你把業給了了，就能跨過去。而不要老是在折騰、折騰、折騰，最後到死都不得解脫。

- 解脫，是人生最終的目的。每個宗派因各自的信仰不同，對解脫的定義就會不同。解脫是釋放、開悟，但是從另一個角度來看，解脫也是一種開展、開放。所謂進步就是看你的心念能有多開放。根據希瓦密教（Shaivism）的說法，原本普及一切的本我，若是受到束縛，就會變得微小。一旦包住它的染污被洗淨了，它就會開展回復原本的普在狀態。

《數論經》第一經提到「三苦」，就是：

- 內苦（ādhyātmika），個人自己的生理和心理的苦痛。
- 天苦（ādhidaivika），由天神或者說老天所引起的苦痛，例如自然災害，可能是個人承受，或者是許多人集體承受。
- 外苦（ādhibhautika），由其他生靈引致的苦痛，例如蚊蟲叮咬，或是與敵人交戰帶來的苦痛。

《數論頌》的起首第一頌則說：「有形法不能徹底滅除苦[9]。」用有形手段來滅除苦因是無法斷根的，苦還會再生。譬如，飢餓所帶來的痛苦可以用有形的進食方式解決，可是縱然你吃飽了，飢餓還是會再度來臨。疾病也是一樣，現在治好了，它還會再來。瘧疾蚊蟲一度被認爲已經在世上絕跡，但是牠產生了變種，反而比以前更頑強。今天很多地方醫療服務普及，以前一些致命的疾病可以得到治療，可是交通事故帶來的傷亡率卻開始攀升。所以，無論你如何去盡力防止人類的苦難，往往在排除某一類苦難之際，另一類苦難會自動且立即取而代之。例如某個社會成功地消除了貧窮、飢餓、傳染病等苦難，可是心理疾病的患者數目就會大幅飆升。

因此，數論的大師說，我們要找到一個方法，要能夠永久地解除人的苦難。他說，被這三種苦所折磨的人，自然會生起一種欲望，想要知道有什麼方法可以徹底滅除苦難，可是一切有形的方式，凡是能見到的、能用感官覺知到的手段和物質，都不能根本解除世間的三種苦。

《數論頌》第二頌[10]自問：「有形法，例如宗教、典禮、儀式、祭祀等，難道不能解除苦難嗎？」數論的回答是「不能！」求升天不等於是求解脫。天界也只是個暫時境地，是因爲做了些什麼善事而有。做善事、從事祭祀、拜外在的神佛，頂多能進入暫時的天界，一旦善業這股力的勢頭盡了，還是會從天界墮落下來，再重頭開始。唯一能完全徹底免除苦痛的方法，是能知曉三件事：

- 變異（vyakta），開顯的事物，是由那個不變異、隱形的事物變異而來。
- 無變異[11]（avyakta），是隱形、沒有變異的事物。
- 知者[12]（jñā），就是本我。

要了解什麼是知者，你要去參讀《薄伽梵歌》第十三篇中提到的「場」（kṣhetra）、「知場者」（kṣhetra-jñā）。身體是「場」、是「田地」，靈是「知場者」。物質是場，本我是知場者。

數論將要「知」的這三件事分爲二十五類（或稱爲二十五「諦」tattva），就是構成宇宙的二十五種成分，這是數論的主題內容，我們下一講會一一解釋這二十五類。

「知」是決定我們行動的因。你知道有書店這個地方，你才會去那裡買書。如果你不知道書店是什麼，你就不會有去書店買書這個行動。你知道有汽車這樣的事物，你懂得如何駕駛，才會去開車。可是一切知識、一切理論，如果不能化爲實踐，就是無用的。你能在紙上駕車嗎？學習哲理不是爲學問而學，是爲了要應用於我們人生而學，是絕對要講知行合一。你付諸行動，你的「知」因而會更進一步。

所有世間的理論都是眞實的，在它們各自相對的領域之內是眞實的。譬如，材料科學的專家可以從分子結構的觀點去解釋物質，在這個領域內是說得通的。但是，如果他開始跨出自己那個領域，宣稱除了分子、原子以外沒有心靈的能量存在，那就是越界，因爲他跨入自己沒有充分探討驗證的不同領域。

第三講

數論哲學的目的，是在明辨「本我」和「原物」，將這兩者區別開來，從而能夠完全根除我們的苦痛。

人生的道路有兩條，一條是追逐享樂（preyas），另一條是追逐至善（śhreyas）。我們每個人在做出任何決定之前，在採取任何行動之前，在選擇人生方向之前，要先決定自己要走的是哪一條路，是追求享樂，還是追求至善？這裡要注意一點，我們觀念中的享樂和苦痛是對立的，這個對立的觀念其實正是苦痛的起因。因爲我們要追求享樂，要逃避苦痛，就產生了苦。所以，我們觀念中的享樂，也就是構成苦痛的一部分。所謂的享樂，都是因爲和苦痛對比之下才有的。這個道理你要自己去思索一番。而超越了苦樂對立的，就是至善之道。至善是來自於我們上面所說的那個「知」，是能分辨出：變異、無變異、知者這三件事的知識。

數論把這三件事分爲二十五類。其中，變異、無變異屬於「物」，占了二十四類，又分爲三階段：唯本、亦本亦異、唯異。

- 唯本，就是原物，是一切事物的原始，是本，它不是從其他事物所生出來，可是其他萬物都是它的變異，由它所化生出來⓭。原物的定義是三種「質性」（悅性、動性、惰性）處於完全均衡的狀態。三種質性開始不均衡，就生出宇宙萬物。

- 亦本亦異，是從某物所化生出來，所以它是一種變異，但是它又會再進一步化生出其他事物。所以，對於從它所變異出來的事物來說，它又是本。我們可以說它是屬於中間階段狀態的事物，一共有七類⓮。

- 唯異，它是從本而來的變異，是屬於變異的最後階段，在它之後就不會再生出新的變異，一共有十六類⓯。它不能再往下走，唯有逆行，往回走，返回、消融於它的本，這就是功夫之所在，瑜伽稱爲「拉耶」（laya，消融）。

所以，屬於物的合計有二十四類（一個唯本、七個亦本亦異、十六個唯異），再加上「知者」一共二十五類。知者不是物，它既不是「本」（因爲它沒有變異），更不是從「本」變異而來⓰。根據數論，我們所以會有苦，就是因爲我們的迷誤，把物當成自己。學習數論的這些分類，可以幫助我們在修行的每一個地步都不再迷誤。

現在，我們開始簡單介紹這二十四類的三個階段：唯本、亦本亦異，以及唯異。

「唯本」是第一階段，就是原物，也稱爲「物根」（mūla-prakṛiti），mūla是「根」的意思，所以它是一切物質的根源。整個宇宙世界都是由這個原物所演變出來的，所以宇宙是原物的一種變異，甚至可以說宇宙是原物有所衰退腐化的結果；但並不是說宇宙世界之外就沒有原物。對於我們凡人而言，宇宙世界固然是如此巨大無邊，但是宇宙比起原物來，大小就像是沾在人身腳趾頭上的一粒灰塵而已。在這個宇宙世界之外都是原物，都是處於沒有任何變異的狀態，而那個「地方」是已經完全得解脫的大神通者的遊戲場所。

《往世書[17]》（*Purāṇas*）中，就描述了有些仙者以神通化現出他們自己的宇宙國度。譬如有一段說到聖人世友（Viśhvāmitra）大仙的故事，他就是將「蓋亞曲」（Gāyatrī）神咒傳到人間的那位。他出生於帝王將相的「刹帝利」（Kṣhatriya）階級，被那些掌握神權的「婆羅門」（Brahmin）聖人所排擠，世友就苦修（tapasyā）了一萬年，可是仍然不獲婆羅門所接納。

後來有一位名叫三豫（Triśhaṇku）的國王，他希望能帶著自己的肉身升天，就參訪了許多婆羅門的聖人，問他們可否做一種特殊的祭祀好讓他如願。結果都遭到拒絕，他們說這是辦不到的。國王最後找上了世友，世友說：「沒問題，我可以做。」於是，世友就帶著國王三豫從事一段非常繁複的祭祀活動，有萬年之久。做完後，國王終於如願肉身升天，可是到了天界居然不蒙帝釋天（Indra）所接納，將他逐出。當國王行將跌回人間之際，世友立即作法將他托住，結果可憐的國王三豫到今天都還懸在人天之間，成爲懸在天上的一顆星[18]。你要怎麼解讀這個故事隨你。世友就是如此一位大仙，他不願意接受諸神的宇宙，就創造了一個屬於他的宇宙。

反正，我們這個宇宙只占原物中一個極其微小的部分；而原物以及它的一切變異，則是完全聽候本我的差遣使用[19]。

第二階段「亦本亦異」共有七類。首先是「大」（mahat），例如英文字的magna、magnus都是由這個梵文字所演變而來。「大」又叫做「布提」（buddhi），在這個階段，是一種「普在的智覺」，爲什麼會產生這種智覺？這是因爲原物的均衡狀態受到本我的刺激而產生。刺激就是干擾，從另一個面向而言，刺激也就是創造。布提是因爲本我和原物相逢而產生。原物受到刺激，而有智覺，有了覺。一有了覺，下一步就有了「我」的意識產生，這就是「我執」（ahaṁkāra）。所以，受到本我刺激，忽然有了「這就是我」的意識。然而，這可不是本我有這個「我」的一覺，本我是永遠不會有此一覺的。這是由「大」而來的一覺，這個覺其實就是迷，就是無明，是原物因爲臨近本我才有的覺。

所以，「大」（布提）和「我執」，到此已經是兩類。由我執的變異又再產生一組「五唯」（pañcha-tan-mātras）。「唯[20]」（tan-mātra）是有形物質的潛在勢能，是抽象的，共有五類：色、聲、香、味、觸，也就是見的本質、音聲的本質、嗅味的本質、嘗味的本質、覺感的本質。以上這七類，就是「亦本亦異」。

第三階段「唯異」共十六類，這是物的變異的終局階段，這個階段的物類不會進一步再生出變異。這十六類又分二組：一組是從「我執」生出來的十一種「根」（indriya），根就是官能，十一種根分別是：

- 意根（manas），就是通稱爲「心」的官能作用

- 五知根（buddhi-indriyas或jñānedriyas）：眼根、耳根、鼻根、舌根、身根

- 五作根（karma-indriyas）：手攫取、足移動、口言語、生殖、大小便

另一組是「五唯」和由「五唯」變異出來的五「大種」(mahābhūtas)，或者就叫「種」(bhūta)，包括抽象的地大、水大、火大、風大、空大[21]，這些是屬於最粗的物。

瑜伽基本上是接受了數論的這些分類，而在《瑜伽經》第二篇第九經中則用上不同的名稱。數論中的「原物」，是一切物的源頭，在《瑜伽經》稱爲「無徵」(a-liṅga)，因爲在這個本初的狀態，是混沌，完全沒有任何特徵可言。梵文liṅga的意思就是特徵、象徵、表徵。最先從原物化生出來的「大」，在《瑜伽經》稱爲「微徵」(liṅga-mātra)，mātra的意思是若有似無、些微，所以「大」僅是有些微的徵象可言，幾乎無法辨認。數論的七類「亦本亦異」，在《瑜伽經》是抽出了「大」，其餘的六類（「我執」和「五唯」）被稱爲「無別」(a-viśeṣha)，因爲尙未定型，是介於之前的「微徵」和之後終局的十六類中間的游離物。十六類「唯異」在《瑜伽經》稱爲「有別」(viśeṣha)，因爲是變異的最終狀態，已經定型。

數論和《瑜伽經》名稱對比

數論	瑜伽經
原物	無徵
↓	↓
大	微徵
↓	↓
我執＋五唯	六無別
↓	↓
意根＋五知根＋五作根＋五大種	十六有別

數論中的本我和原物的概念，在《薄伽梵歌》中分別被稱爲「知場者」和「場」。所謂「場」就是田地、田場，是耕種的場，它是原物以及一切由原物所化生而來的各種變異。在我們個人而言，「場」就是整個身體以及心念，就是我們俗稱的一己。而「知場者」，是那個旁觀者。

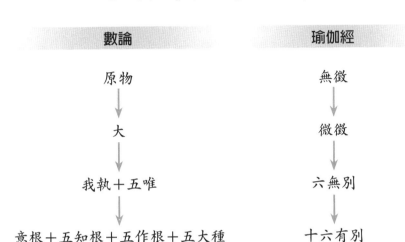

首先由原物產生出來的變異是「大」，或者在個人而言稱之爲「布提」。我們說布提是智覺，表示它有智性有覺性，可是它並不是「眞的」有意識，只有「本我」才是意識之本。這聽起來似乎很令人疑惑。我們絕對要明白這個道理，根據數論哲學，布提並不是覺的本，不是意識之本。從某個方面來說，這有點像是無神論者所主張的智性和意識不過是物的作用。數論的看法是，布提之所以「似乎」有智性作用，完全是因爲它接觸到本我才有的。甚至可以認爲，是本我將它的智性作用（或者說意識作用）感染到了布提，原物受到如此的刺激才變得好像是有知覺意識。但是布提自己本來不具備意識，它是悅性、動性、惰性交互作用而有的。數論和現代的科學無神論者，二者主張的不同之處在於，數論會同意「腦」只是一個器官，甚至會同意智力只是腦器官所起的作用；但數論會說，除了這種物質的智力，超越了物質智力，另外還有一個意識之本，那個就是本我。

在《薄伽梵歌》第十三篇，神主克里希那教導阿周那王子：「這個身體就叫做場。懂得這個道理的聖人就被稱爲知場者。」「阿周那，你要明白，我是一切場的知者。唯有懂得什麼是場、什麼是知場者，才是我所謂的眞知識。」「你要仔細聆聽，我現在簡要告訴你，什麼是場，它本質如何，它會如何變異，它從何而來，它的知者是誰，知者之力如何。」

然後克里希那爲我們列出場以及場的分類，近似數論對於原物的分類，不過多出了愛戀、憎厭、樂、苦等分類。例如愛戀、樂，都和知場者、本我無關，這些都是在場、在原物之內發生的現象，是一個死的東西和另外一個死的東西之間所產生的吸引。例如我們吃東西，就是把一個物倒入另一個物之中，如此而已㉒。

根據數論的主張，我們目前所覺知到的外在一切事物、一切活動，以及我們內在所起的一切知覺、感覺、情緒，一切一切，都是物。所有的人際關係，不過是一堆泥和另一堆泥的交互作用。所以，人的一己並無靈性可言。我認爲在這個問題上，基督教的神學者大概不會同意數論的主張。基督教認爲身體和靈是交織在一起的，二者之間沒什麼大的區別。可是數論哲學主張，所有那些被認爲是和靈魂有關的都還是物的作用，靈魂是永恆的、不生不滅、非創造而來的。所以把梵文jīva翻譯成英文的靈魂（soul）又不加解釋的話，就會引起誤解。

我重複說一次，所有我們現在認爲是心理作用的、精神作用的，所有喜怒哀樂，在數論中都是物的作用和現象。如果你懂了這個道理，許多你本來誤認爲是自己的東西都會消失。你對於什麼是一己的觀念會改變，原本所認識的自己不復存在。那你還剩下什麼？

假如你一直在追求證悟本我自性，現在別人告訴你，你身上穿戴的服飾和你的皮膚沒什麼二樣，你的眼鏡和你的眼睛都是同一類東西，外在的對象和你內在的經驗沒有不同，腦波和沉澱在腦中的記憶都是物質，這些沒有一樣是眞正本來的你，這些和本來的你都沒有關係。你可能會起三種反應。你可能會想：「好吧，這麼一來，不論我這個身體做出什麼行爲都無所謂道德或不道德，也沒有善惡之別，都不過是一物碰觸另一物。」第二種反應是認爲自己是虛無的：「既然說到底沒有任何東西是我，我以爲是我的不過是一堆泥而已，記憶也不過就是將些許東西放到一堆泥中而已。」你要超越這二種態度，那就是第三種反應：「好吧，既然如此，那麼眞的自我、我的本來在哪裡？」

有些人遇到一些所謂神通靈異的事情，會來找我解釋。最近就有一位據說頗有特殊本事的女士，聲稱可以藉由幫人做夢境分析而讓人開悟，她跟我談了一個下午。最後我只有很委婉地告訴她，這一切充其量不過是布提的作用，說到底還是在物的領域內打轉，跟本我無關。執著於這些現象是走上岔路，反而會耽誤開悟。

你還記得數論哲學的首要目的是什麼嗎？就是徹底的滅除苦痛。要達到這個目的的方法是「分辨」，將本我和原物分辨清楚。所以，數論哲學就是要弄清楚本我和原物之間的關係，一個是有覺的，另一個是不覺的。從原物的觀點來看，數論哲學是在交代這個宇宙是怎麼形成的；從本我的觀點來看，數論哲學是在釐清我和這個宇宙有何關係。

我知道很多人還是感到迷惑，如果說這一切都是沒知覺的物，爲什麼我能夠有感覺和知覺？對這個問題的回答，我們在前面都提過了，可是如果不一而再、再而三的強調、重複，你很難留下深刻的印象。我們說由「原物」變異生出了「大」，由「大」變異而有了「我執」，「我執」的變異有了「五唯」、「意根」、「五知根」、「五作根」。稱爲「大」，是從宇宙現象而言，對應在我們個體現象的，稱之爲「布提」。「布提」在這裡不只是一個能辨別的智力作用，而是一個抽象的智性。這就是數論哲學最耐人尋味的一點：「既然布提是由原物而來，它的根本就是物質。換言之，它是死的。不是嗎？」答案是：「它的確是死的！」我們日常說的「心」（廣義的心，包括布提在內），不是有意識的，是沒有覺的。這是印度傳統主流哲學，跟西方哲學很重要的不同處。「心」不是「靈」的一部分，它只不過像是一面能夠反映光的鏡子。你的心念、你的智性、你的自我所起的感覺和知覺，都只是「似有」，是似乎有而非實有，是「借」來的意識感覺。只有本我才有意識感覺。我們說過這個比喻，一根放在火中的鋼條，它有熱度，但熱不是它本身所具有的，熱源是火。若你認出來鋼條和熱源不同，把熱力還歸熱源，鋼條就只是鋼條。我們的心就像是這根鋼條，它是因爲靠近了本我，所以才好像能起意識作用，能起「我」的感覺。我們要學會的「分辨」就是認出(1)本我，跟(2)原物及由原物所衍生出來的種種變異不同。換言之，就是分辨出什麼是本我，什麼是「非本我」。所以，不論我們這個生命能顯現出來什麼智性，不論心有多高明多精妙，都是從本我那邊借來的。但是你可別低估這個心，它的本事極大，它上天入地無所不能㉓。

數論23類演化

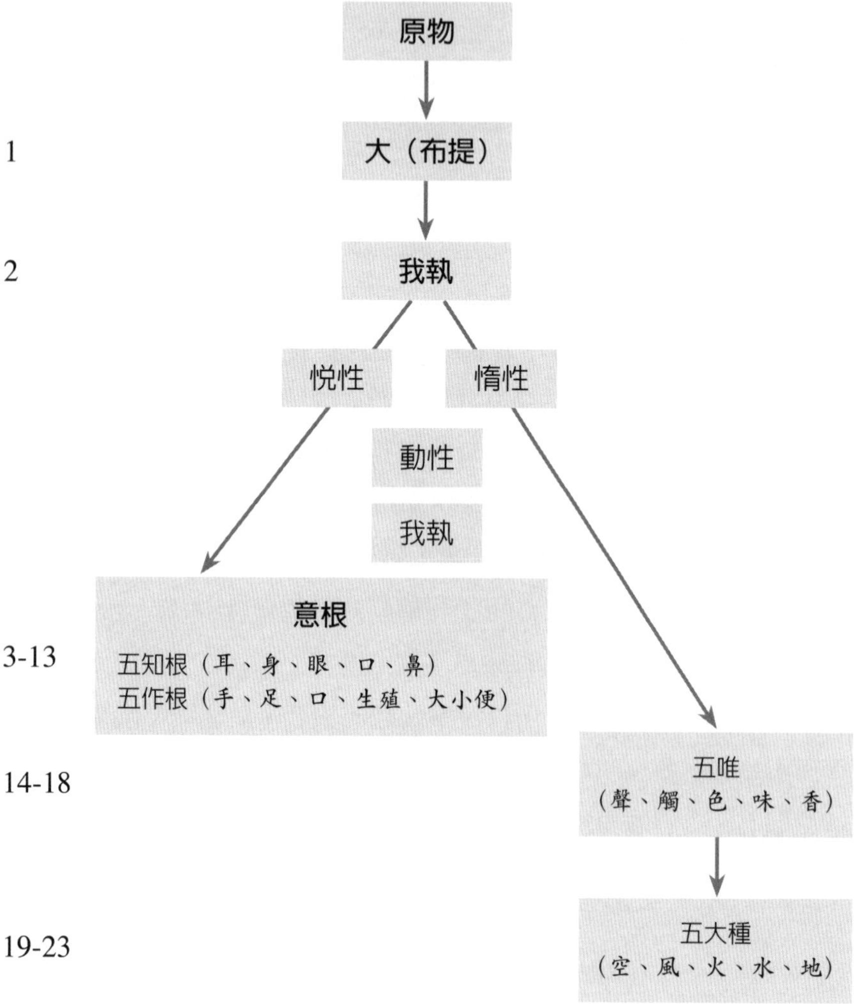
原物
1
大（布提）
2
我執
悅性
惰性
動性
我執
3-13
意根
五知根（耳、身、眼、口、鼻）
五作根（手、足、口、生殖、大小便）
14-18
五唯
（聲、觸、色、味、香）
19-23
五大種
（空、風、火、水、地）

第四講

現在，我們來總結一下數論哲學的觀念，你眞懂了這個觀念，對於什麼是整體生命就能了然於心。

數論哲學主張有兩個永恆的本原，它們是並存的：

- 本我（Puruṣha）：有覺的靈性能量本原
- 原物（Prakṛiti）：無覺的物質能量本原

對有神論的數論派及《瑜伽經》而言，本我可以是宇宙之「主」、「神」。在其之下又分爲三個神祇：代表生發的梵天（Brahmā）是生的作用和現象；代表護持的韋紐天（Viṣhṇu）是住的作用和現象；代表消融的希瓦天（Shiva）是滅的作用和現象。各個神祇可能分身下凡成爲血肉之軀，來教化拯救那些由本我所化成無數的個體意識（puruṣhas）：他們以爲自己是和原物結合的，所以成爲「個體靈我」（jīva）。

本我是恆淨、恆智、恆自在，是永遠不可能陷入無明，也永遠不會受到束縛的本性（ātman）。它與原物完全沒有交涉，是原物片面趨近本我，從而蒙受本我的光澤。

原物無形無狀，完全沒有任何徵象，是其後才變異爲具體的物質。原物有三個質性（guṇa），是處於完全均衡的狀態：

- 悅性（sattva）：光明、純淨、輕盈、和諧，引致喜悅
- 動性（rajas）：躁動、能量、動態，引致苦痛
- 惰性（tamas）：沉悶、陰暗、靜態，引致昏沉

如果這三種質性維持在完全均衡狀態，就沒有宇宙顯現，就是處於形隱狀態。唯有在不均衡狀態，宇宙才會顯現，才會演化出萬物。

從無形無狀的原物，一層層演化到具體的物，是從「隱」（avyakta）到「顯」（vyakta）、從「精」（sukṣhma）到「粗」（stūhla）。原物是「協」（sāmya），和諧一致；而有形宇宙是「非協」（vaiṣhamya），不和諧一致。因爲不和諧，所以才有苦痛。因此，在數論的觀點，這種演化變異不是「進化」，而是「退化」。

因果論是印度哲學中一個很重要的題目，各家各派有自己的說法。數論派主張的是「因中有果論」（sat-kārya-vāda），也就是說任何東西在還沒有成形之前，這個東西的元素已經隱藏在它的因中了。果的元素在因中已經有了，因此，生出來的東西都不是「新」的，只不過是原本的能量改變了存在的形態。陶罐本來就存在於陶土中，雕像本來就存在於大理石材中，冰塊本來就存在於水中。宇宙以及宇宙中所有的東西，在還沒有開顯出來之前，都隱藏在原物中。同理，任何東西都不會也不可能毀滅。

一切宇宙現象的源頭都是原物，都是原物的變異，而原物並不是任何

東西的變異。變異會再生出變異，直到最終局的變異為止。原物的變異一共有二十三類，加上原物，屬於物的共有二十四類。我們需要下功夫的，是這些變異的「排列次序」（梵文是saṅkhyāna，也就是數論sāṅkhya這個字的意義之一），目的是能夠分辨本我、非本我（原物以及它退化演變出來的二十三類）。

只有能「分辨」（梵文是pra-saṅkhyāna，是數論sāṅkhya這個字的另一個意義）才能滅除苦痛。否則，由於所有的物中都有「動性」的緣故，就無可避免會有苦痛。要分辨，就必須把所有構成「非本我」的變異一一列舉出來，一一認識清楚。數論這個字sāṅkhya是由saṁ加上字根khyā所構成，字面的意義就是計數、計算、列舉[24]。

我們人不是一個單一的個體，人是有許多的層次，由很多東西組合而成的。數論能幫助我們在理論上認識這個組合體的每一個結構單位，然後我們用瑜伽的方法手段，將最粗的、最顯露的一層消融，反轉逆行回到相對較細的、較為隱密的那一層。如此層層回溯，就是從粗身到妙身，從妙身到因緣身，由妙身到個體靈我的本我。這個逆向消融的法門，就叫做「拉耶瑜伽」（laya-yoga）。

眾天神（不是終極的「神」）跟我們人一樣，也是一個個體靈外面裹著個身體，只不過他們的「身」不是肉身，可能是一個星球、一個星系、一個銀河，依他們修持的境地而有所不同。以整個宇宙為身的靈我，則是「梵天」（Brahmā，不是「梵」Brahman）。

當我們不認識那個眞正有覺的本我，錯把裹在外面那些無覺的層層身心當作自己，就會有死亡得失的痛苦。我們所見到、所覺知到的，都是原物的質性失去均衡的狀態，而無法見到原物的本然狀態。可是，一旦我們眞正明白自己只是一個旁觀者，外物就不再起舞。當原物靜止了下來，我們才能見到它的眞面目。但是它也會隨即消失無蹤，因爲我們跟它不再有任何交涉。這就是解脫。所謂開悟解脫，就是不再跟失去均衡狀態的原物打交道。所以，問題不是原物，問題出在我們不知分辨，認錯對象。

問題也不出在本我，它自始至終根本沒有迷失過。那麼，是誰被束縛住了，是誰得到解脫？答案是：誰都不是，根本沒有哪個被束縛，也沒有哪個被解脫。所以講解脫也是落入相對，只是個方便的說法。如果你有了這種智慧，才是眞解脫、眞自在，就不再被相對的是非對錯所困擾拘束。

我們學習這些道理不是在做學問，而是要能形成自己的一套哲學，以這個哲學的人生觀爲自己一言一行指引，從而達到人生的目的。以我自己爲例，一切言行都取決於下列指引：

- 怎麼做才能爲最大多數人謀取最大福祉
- 此事是有助於、還是有悖於我達到更高的覺性和解脫對我而言，區別好與壞、對與錯，唯一的標準只在於是否對達到解脫有所幫助。只要是符合這個標準的，不論旁人如何反對，我就會去說去做。反之，違反這個標準的，我就不會說不會做。你所深信不疑的，就成了你的人生哲學；你的人生哲學，就是你所深信不疑的。當你很清楚地定下自己的人生哲學，你一切的言行都要符合此一哲學，隨時隨地都要警覺自己有沒有違背偏離。在梵文中，哲學這個字是darśhana，字面意思就是觀點、視覺。清晰的視覺觀點，就是哲學。

要實踐這個哲學，就是智瑜伽（Jñāna Yoga）。你的思想方式一定要清晰。譬如，不要說「我究竟求什麼？」這整個句子都存在問題。這個「什麼」所指的是什麼？是原物中的某一類，還是本我？還是自己身體裡面某個東西？誰是這個「我」？是本我在求什麼、想什麼嗎？本我是本自俱足的，什麼也不缺。也不會是「我」在求什麼，因爲這個「我」是我執，是屬於原物一種心念，它根本是物質。物質怎麼能去要什麼？既然本我什麼也不要，而心念因爲是無覺的，也無法要什麼，所以「我求什麼」這個表達根本是沒有意義的。你懂了這個，你看穿了這個，你就解脫了。

因此，你要用這種方式，用自己所深信的哲理來檢驗自己的心念、語言、行爲。你一切的情緒作用、喜怒哀樂及一切欲望起來的時候，要自問：「是誰想要？」是本我嗎？本我哪裡有這個需要。是原物的我嗎？物質哪來的欲望。

我說一個故事，根據《本生經》，古時候有一位叫做加達巴若塔（Jada Bharata）的聖人，他累世修行，有一世已經非常接近三摩地。一天他在河邊打坐，睜開眼睛時見到有一頭鹿因爲逃避老虎而跳入河中。原來那是一頭懷有身孕的母鹿，母鹿奮力從對岸游到巴若塔這邊，在岸邊產下一頭子鹿後就死了。於是巴若塔收養了子鹿，視之猶如自己的孩子。他時刻都把小鹿放在心上，不但打坐時會爲小鹿操心，臨終時心中還是惦念著他收養的鹿。因爲他還有東西放不開，所以這一世他到死都無法得解脫。據說到了下一世，他出世發現自己居然投胎成爲鹿，明白到自己前一世的執著，他就一心向神了。到了再下一世，終於證悟最終三摩地成道。

成道後某一天，他坐在路旁。當時有一位殘暴的國王正好乘著大轎經過，其中一名轎夫忽然發病無法抬轎，國王的侍從就命令坐在路邊的他來抬轎。巴若塔默默順從，但是他的步伐跟其他的轎夫無法協調，使得轎子失去平衡。國王氣得跳下轎子向他問罪。巴若塔完全無懼，神情依舊漠然。國王驚覺到這是一位聖人，就向他陪罪，表示自己不該出言不遜，污辱這樣一位聖人，希望他沒有因爲抬轎而累到。巴若塔說了一長串話：「是誰污辱了誰？本我是不言語的，原物哪會說話，有誰在說話？本我恆自純淨、恆自智慧、恆自無礙，所以哪有誰被污辱，是誰會累？身體是無覺的，物不會累，本我沒有累與不累。所以，皇上，請講清楚你所使用的字眼是什麼意義。」等等、等等。

國王聽了大悟，人生從此改變。

這個故事的寓意是，我們應該用同樣的道理來檢視，乃至質疑自己的每個決定、每種情緒感觸、每種反應、每個行為。當你開始這樣子自我反省，例如走路時、搭車時都去思考琢磨，質疑自己，你的人生就會變得不同。但前提是，你要先建立一個自己深信不疑的基本人生觀、基本的生命哲學。如果沒有先建立這樣一個中心思想，你的自省就會沒有方向，就沒有依歸，只會造成困擾。

有人問：「我們不停地持咒、默念神明的名號不就好了嗎，為什麼要做這種自省的功夫？」從「智瑜伽」的觀點而言，你需要起疑情。持咒不能解答問題。例如，你為什麼要穿衣吃飯？咒語中沒有答案。可是在智瑜伽，每件事都有個合理的解釋。數論可以給你個哲學上的解答；而像是「奉愛瑜伽」（Bhakti Yoga）、「業瑜伽」（Karma Yoga）就不會回答問題，因為它們走的不是智性的路線。一旦你開始做自省的分析，就是智瑜伽。你對於某種情懷已經有了結論，你去發抒那個情懷，完全不需要質疑分析，那是奉愛瑜伽。你能操控自己的心念、語言、行為，依照自己確信的方向行進，無庸分析質疑，那是業瑜伽。你能依照一定的步驟操控自己某一個層次的心識，那是「禪瑜伽」（Dhyāna Yoga）。智瑜伽是分析、思辨的功夫，所以能幫你找到結論做出決定，讓你能有意識地對自己的行為心念做出揀擇。

又有人問：「不識字的文盲怎麼做智瑜伽的功夫，他們就跟開悟無緣了嗎？」你不能這麼說，不識字的人仍然有自己的一套哲理，他們的心識並不模糊，他們分析起事情來往往比有學問的人還要直截了當，這跟識字與否無關。

在某種程度上，你可以說這種智瑜伽就是在做禪定的功夫，無論你說是自省、分析、探詢、參究，都是智性的專注，都是在用智性來達到超越智性。智性問自己：「我是從哪裡來的？智性，你來自何處？」然後溯源回到自己的根源。這也是我們前面做過的比喻，燒紅鋼棒的熱力是借來的，熱力（比喻智力）的根源是火，要找熱力的源頭，最終會找到火。

在數論哲學裡，原物以及本我的關係，就像是一個盲人和跛足人彼此合作的寓言故事，盲人雖看不見但雙腳健全，而跛者看得見但不良於行，所以跛者依著盲人，爲盲人指點方向，二人終於去到目的地。盲人是比喻原物，而跛者是本我。本我沒有身體什麼也做不了，原物看不見沒有覺知，沒有方向。這兩者要結盟了，才能成就。

數論瑜伽

帕坦迦利的瑜伽體系融合了所有數論、明論、勝論、彌曼沙論的主要觀點。譬如，《瑜伽經》對於數論派的二十六類（或者說二十五類）

是全盤承受。對於什麼是「證量」(pramāṇa，正確的論證)的定義和明論派相同。勝論派提出的「有別物」(viśheṣhas)是事物終局的演化狀態，《瑜伽經》也是如此說。《瑜伽經》第四篇對於什麼是「時間」有明確的定義，而在數論中對時間的概念就比較模糊。行爲的準則在《瑜伽經》有極重要的地位，第二篇「八肢瑜伽」的前二肢：夜摩(yamas)、尼夜摩(niyamas)，完全是在談行爲的準則，第一篇第三十三經中的「慈悲喜捨心」更是要穩固心念所必要的心態。

然而，縱然帕坦迦利承認，數論等等論派的觀點都有其價值，可是他唯一眞正感興趣的題目是：下一步呢？勝論派的種種實驗、明論派的邏輯、數論派的分類、彌曼沙論派的經論研讀等等，究竟有何實用價值？我們最後怎麼樣才能明確看到、體驗到：本我和非本我一向是分離的，本我是恆淨、恆智、恆自在解脫的？

因爲要達到這個目的，數論瑜伽就從別的派別借用它所需要的理論，然後在必要之處加上自己原創的理論。它借了數論的因果論，用來解釋心的種種狀態。把心所產生的種種「變異」(就是心中的起伏波動)，稱爲「心念」(vṛittis)。這些心念必須要能夠「受控」。受控的意思，是讓它們消融回到源頭而得止息。數論的「消融」(laya)在《瑜伽經》就是「控制而得止息」(nirodha)，而只有修練「三摩地」(samādhi)才能做到。

一般研讀數論的人，在讀到演化演變這類字眼時，他們得到的印象是宇宙的成形和消融。數論瑜伽，或者說《瑜伽經》，對於宇宙如何生滅演化並不感興趣。《瑜伽經》唯一感興趣的演化，是圍繞著個體靈我的物質是如何形成的，布提、我執、意根、感官根、身體這一切都是個體靈我的「東西」。瑜伽士需要知道這些東西的起源，以及它們是如何形成的，唯一的目的就是在修練三摩地的過程中讓它們逐一回溯而消融於它們的源頭裡，不再讓它們纏繞靈我。

爲了要清楚交代該如何下手去修練三摩地，《瑜伽經》就用了一些和數論略微不同的術語詞彙。例如，數論談到「大」，但是沒有說起「有我」（asmitā）。而根據《瑜伽經》，本我和原物二者（也就是我和非我、有覺和無覺），它們似乎結合的印象首先是產生於布提內的「有我」。

這個似乎結合的印象，指的是水晶般清澈的鏡面中反映了太陽。本我猶如天空中遙遠的太陽，完全不會因爲它的影像和鏡面結合而受到任何影響。可是我們這個多重物質組合而成的「人」，卻因爲「有我」的作用，而讓我執和意根似乎有了知覺，有了種種心念。

以上所形容的是一個開展的過程，可是瑜伽的修行是逆向的，是收束的，是要消融心念，不再留下心印（saṁskāras），回溯到初始的「有我」階段，徹底分離本我和原物，不再造成似乎結合的印象。

有人會問:「根據《瑜伽經》的道理，徹底分離之後，本我沉浸於它的自性中，跟原物不再交涉，那原物呢?其後它跟「幻」(māyā)還有關係嗎?本我所安住之處究竟又是什麼?」《瑜伽經》帶修行人來到了路的盡頭，然後它讓修行人自己的實證經驗來回答這些問題。有人根據吠檀多(Vedānta)的說法，認為本我最終會融入「梵」(Brahman)，但那已經跨入另一個學派了。《瑜伽經》的終極目標是「獨耀」(kaivalya)，是本我完全的孤寂狀態。或許，這就是那些論者所說的，是要轉化到那不生不滅不變的「梵」之前的境地。但《瑜伽經》只講到「獨耀」，然後就此打住。

其後有很多大師提出種種說法，來揉合各門各派的教法，但是並不批判任何一種個別的教法。他們的觀點是，所有這些門派之間的歧異僅僅是表面的，是整體裡面的一個部分，有如一個方塊裡面可以劃出許多小的方塊和三角形。這些小的方塊和三角形儘管彼此不同，但都是構成整體大方塊的部分。這種包容揉合的主張，被稱為是「宏觀哲理」，有名的大師，例如吠檀多派的毗迪亞攘尼亞牟尼(Vidyāraṇya Muni)，他很巧妙地把各門各派的主張安排成順序銜接的一層層階梯，從完全唯物的查爾瓦卡派(Charvaka)，逐漸超越提升到最終的「唯梵」的境地(請參閱第一講)。

我們也認同這些大師的看法。《瑜伽經》的道理和其他哲派並非有所牴觸，它們都是構成整體印度哲理的其中一個獨立門派而已。在此引述大師毗迪亞攘尼亞牟尼大作的起首第一段話：

摒除心中的敵念，願諸位賢者傾聽；
由不同花朵所編串而成的花環，誰會不樂於得到？

印度的智者把不同的宗派哲理，看成是同一個花園裡面長出來的百花。願本書作者所構寫的《瑜伽經》釋論尚堪稱全面而不落於狹隘，然而這個幼稚之舉，無異於試圖以微弱的燭光來照見耀眼的太陽，願學者、先進、證到分辨智的諸位海涵。

一切榮耀歸屬諸聖！
稽首頂禮所有上師！

譯註：

❶ 數論在中國古代佛教文獻翻譯為「僧佉論」或「僧佉耶論」，是梵語Sāṅkhya的音譯。依現代漢語拼音讀法是san-ki-ya（很明顯，佉字的讀音今古不同），本文以下皆譯為「數論」。

❷ 數論哲學是徹底的二元論。二元是「本我」（puruṣha）和「原物」（prakṛiti）。本我是唯一有「知」（consciousness）的；而原物是物質，是「無知」的。原物又衍生出二十三類的物，所以數論共有二十五「類」，或者說二十五「諦」，這也是為什麼稱之為數論的原因之一。這二十三類的物包括「覺」、「我慢」、「心」、「五塵」、「五大」、「五知根」、「五作根」。所以我們一般認為是心理的功能作用和感覺，依數論來看全都是物，連心意識都是物。這近乎是唯物論的主張。但是，數論在物之外又提出有本我，這本我非但不是物，所有的物都是為了本我而存在。這絕對不同於一般習見的西方哲學的心物二元論。因為西方哲學的心物二元，在數論哲學看來，仍然都只不過是物。至於修行上所感覺、知覺到的種種景象和境界，在數論哲學看來也都是在玩弄物而已。

數論的名詞定義問題，用佛教的話說，就是「名相」的問題，會引起很多的混淆和爭議。中國最早系統性全面翻譯數論的著作，也是唯一的一部，是在公元第六世紀陳朝時，從印度來的佛教高僧真諦（Paramārtha）所譯成中文的《金七十論》。真諦把「本我」（puruṣha）譯成「我」（不同於屬於物的「我慢」），把「原物」（prakṛiti）譯成「本性」，或簡稱「性」。數論就是要人徹底了悟分辨「本我」和「原物」不同，「我」和「性」不同。這和後世禪宗講的「本性」、講明心見「性」有什麼關係，是一個問題。

此外，從佛教觀點來講，數論是「外道」，但為什麼佛教四大翻譯名家之一的真諦，卻覺得有必要把外道文獻的《金七十論》譯成中文呢？而《金七十論》又被收集在佛家的《大藏經》中，千百年來都沒有被剔除，這又是一個問題。數論和印度六大學派之一的瑜伽派有甚深的關係，很多瑜伽哲學的名詞就是使用數論的名詞。而數論和佛家的瑜伽派乃至唯識又有什麼關係，這又是個問題。

❸ māyā，原義是如幻，音譯為「摩耶」。根據吠檀多和瑜伽的理論，凡人都是被幻象所困，只有破除幻象才有可能見道，見到實相。因此，一般提到māyā就認為是負面

的，是應該揚棄的。但是根據斯瓦米韋達的教導，從瑜伽的觀點看māyā（或是從數論的觀點看prakṛiti），不過是把被混淆的予以分辨還原，沒有所謂善惡的問題。

❹此處的brahman，通常譯成「梵」，就是吠檀多要證悟的那個終極的唯「一」，不是被神格化的大梵天（印度神話的三大天神之一）。又，在真諦所譯的《金七十論》，把brahman譯為「空」。至於brahman是不是等同老子所說的「道」，是不是等同佛家所說的「法身」，是不是等同耶教所說的「上帝」，以譯者淺見，這是屬於證悟的問題，不是文字理論所能解決的。

❺真諦所譯的《金七十論》即是譯自其中一種版本，據悉《金七十論》所根據的梵文原本已經佚失，但是真諦的《金七十論》在近世已經被譯成法文，也被印度學者Pandit Aiyaswami Sastri由中文再譯回梵文（1944年出版）。

❻數論派以及其他各派都主張，只要是所謂「物」，只要是從原物變異演化而來的，都具有三種「質」或者譯為「德」，萬物的滋生，就是因為這三種德的交互作用而來的。「質」（guna），依現代中文讀音是「估那」，中國古時譯音為「求那」，就是三種特性：sattva、rajas、tamas。依据真諦所翻譯的《金七十論》，以及後來的《成唯識論》，這三種質被譯音為：薩埵、羅闍、多磨，而它們個別的體性分別為：喜樂和諧、憂苦躁動、怠惰癡闇。所以在《金七十論》中，有時也稱它們為：喜、苦、闇。本文則譯為悅性、動性、惰性。

❼真諦所翻譯的《金七十論》，主張眾生都有個個分離的「本我」。

❽屬於順世派（Lokayāta）。

❾這裡引用的只是第一頌的一部分，依照真諦中譯的《金七十論》，完整的頌文是：「三苦所逼故，欲知滅此因；見無用不然，不定不極故。」

❿《金七十論》，第二頌是：「汝見聽聞爾，有濁失優劣；翻此二因勝，變性我知故。」

⓫《金七十論》譯為「性」。

⓬《金七十論》譯為「我」。

⓭《金七十論》頌文說：「本性非變異」。

⓮《金七十論》頌文說：「大等亦本變」，「大」（詳後述）是原物的第一個變異階段，從它又再化生出六個變異（所以稱為「大等」），這一組的物既是本，又是變異。

⓯《金七十論》頌文說：「十六但變異」。

⑯《金七十論》頌文說：「知者非本變」。

⑰印度敘述諸位神佛前世行狀的一系列書籍，是將深奧的哲理以神話寓言形式表達的文學作品。

⑱一說就是西方所稱之「南十字星座」。

⑲《金七十論》說是：「我所受用」。

⑳或者譯為「微塵」，見《大智度論》。

㉑佛教有「四大」（地、水、火、風）乃至更多「大」之說，數論以及其他印度主流哲派則有「五大」之說，但是其中的「空大」是「空間」之「空」（ākāśha），仍然是物，不同於佛教觀念中的「空」（śhūnya）。五大之中，最細微的是空大，由五唯中的「聲」而生，其次是較粗的風大，由「觸」而生，再較粗的是火大，由「色」而生，再其次是水大，由「味」而生，最粗的是地大，由香而生。越粗則越「具體」、越「固化」，越精則反之。

㉒斯瓦米韋達教導的一個觀想法是，在進食時，內心要存想：是食物在吃食物。

㉓斯瓦米韋達的老師斯瓦米拉瑪就說，一切修行，其實都是在練心。《瑜伽經》說，瑜伽，就是在控制心念。喜馬拉雅瑜伽學院每晚必須唱誦的禱詞之一「希瓦正願頌」（Shiva Saṇkalpa Sūktam）是頌揚心力的偉大，因此人人要發心。

㉔如果把「本我」分為終極的「本我」以及個體的「靈我」，則數論的分類就共有二十六類。如果把靈我和本我歸為一類，則共有二十五類。

清明愉悅心（chitta-prasādanam）

帕坦迦利撰寫的《瑜伽經》第二篇所提到的「八肢瑜伽❶」（aśhṭāṅga yoga），一般公認為是瑜伽的精華所在。可是我們要留意一點，第二篇名為「修行篇」（sādhanā pāda），從第二十八句經以下是給「鈍根」（mṛidu-saṁvegā，字面意思是「進展和氣勢柔弱」）的修行人研習。「鈍根」的定義請見《瑜伽經》第一篇第二十一～二十二句經，以及古德所做的釋論。

第一篇「三摩地篇」是給「利根」（tīvra-saṁvegā）的修行人研習的，其中有許多瑜伽的專有名詞，講「理」居多，在「行」方面就較少著墨。那麼，對於利根的修行人，在「三摩地篇」中不論是明示或默示，有無包含類似八肢瑜伽中「戒」（夜摩，yamas）和「奉」（尼夜摩，niyamas）的行法？

我們的回答是，有的，就是第一篇的第三十三句經：

> maitrī-karuṇā-muditopekṣhānaṁ sukha-duḥkha-puṇyāpuṇya-viṣhayāṇaṁ bhāvanātaśh chitta-prasādanam

【述義】由於培養以慈心對待在樂境的人，以悲心對待在苦境的人，以喜心對待有德之人，以平等捨心對待無德之人，心地變得清明而愉悅。

經文讀來似乎淺易，但眞實的意涵卻十分幽遠，研讀古德的釋論即知。首先是威亞薩（Vyasa）的釋論。他補充說明道：

如是修練之行者得生「光明德性」（śhukla dharma，或稱爲「光明屬性」）。心地因而變得愉悅而清明；以愉悅清明故，彼能得定得止（sthiti-pada）。

依現代的語法，梵文pra-sanna這個字通常用來表示「感到高興」。在古典文學中，它的意思是「愉人」，因爲它是清澄的。譬如，在蟻蛭（Valmiki）的名著《羅摩衍那》（*Ramayana*）中，聖人帕若瓦加（Bharadwaja）指著一條秀麗的山澗對羅摩（Rama）說，看它多麼愉人（pra-sanna），

san-manuśhya-mano yathā
有如德行高尚之人的心念。

把這比喻的相似詞以及相似形容詞反過來，得到的意思是：德行高尚者的心念愉人而清澄，有如清涼的山澗一般。這就是經文中「愉悅而清明」（pra-sādana）這個字所要表達的意念。

只有這種狀態之下的心，在靜坐時才能穩定，才能得到正確的止。

這就回答了修行人經常提出的一個問題：爲什麼在靜坐時，心不能定下來？爲什麼它老是遊蕩不已？經文中所暗示的答案是：「修行人啊，心會漂移，不能得定得止，因爲你沒有讓心清明愉悅（chitta-prasādana），這就要借助於修練這句經中所列出的四個心態。」

我把它稱爲情緒的淨化。不能於日常生活中做到情緒淨化，心就不會「清明愉悅」，因此在靜坐時心就不能得定，就不能得止。

註釋《瑜伽經》的古德，進一步從心理的角度談這項修練的效果。瓦洽斯帕提（Vachaspati Mishra）說：

> 【述義】這一句經所述記的是一種方法手段，讓心地清明愉悅，以化解負面的例如惡意（asūya）等屬性。心如果沒有淨化，就會被惡意之類的屬性所占據，因此不能進入三摩地。
>
> 這些修練就是淨化心地的方法和手段，稱爲淨業（pari-karman）。
>
> 它的功效是如此產生的：
>
> 若培養慈心、友愛心對待處於順境幸福之人，可以對治

被嫉妒心染污自己的心地。

若培養悲心、同情心對待受苦之人，意欲為人拔除苦痛有如意欲為自己排除苦痛一般的心切，可以對治被暴力心染污自己的心地。

若見有德行之人，則培養喜心待之，可以對治被惡心染污自己的心地。

若培養捨心，亦即不偏不倚，處於正中（madhya-stah），以此對待無德之人，可以對治被無包容心染污自己的心地。

若能如此變化氣質，則「動」（rajas）和「惰」（tamas）的質性就會停歇，「光明德性」（śhukla dharma）就會生起茁長。這意味行者因「悅」（sattva）的屬性揚升而得昌盛。

心地的愉悅和清明就會成為行者的自然狀態，心念的波瀾就容易止息。心地因為上述的行法成為清明愉悅，就能得定得止。

如果這四種正確的心態不能到位，其後經文所囑咐的修行法門就都不會見效。

我們必須留心的是，《瑜伽經》第一篇第三十三句經是屬於一種「統領經句」（adhikara-sūtra），也就是說它不僅僅是開始一個新的題目，也「控制」了其後的經句。「心地愉悅清明」這個複合詞，暗示於其後的每一句經，一直到第三十九句經，不過是屬於「不顯的重複」（anu-vṛitti）。至於修練的果，則是載於第四十句經。

透過這四重「淨業」能夠對治的不善特質，不僅限於上面所列出來的幾種。智比丘（Vijñāna-bhikshu）說：

> 所有其他不合乎瑜伽之道的特質，例如欣戀（rāga）和憎厭（dveśha）（見《瑜伽經》第二篇第三句經以下），都暗示包括在內……
>
> 如是變得清明而愉悅的心地，能成就定而和止，也就是說，它（在靜坐時）不會逃逸。

在佛教，修練這些心態是禪定的心要法門，他們稱之爲「四梵住❷」（brahma-vihāra）。修佛教的密法有一部重要的經典叫《成就法鬘》（*Sādhana-mālā*），其中第五十六篇解釋了四梵住的理，也對於該如何修做了很詳盡的指示。我們把這部經的「序分」翻譯出來，其餘部分最好不要只是跟從書本去學，而應該是請精通某種法門的師父來傳授。下面就是第五十六篇的第一品（此地將整段原文分成幾個小段以方便述義）：

首先，已得咒語啓引者應該擇一順心之處「舒適地端坐」(śhukha-asana)，思心輪中顯現一輪明月。

在月輪中，觀想種子字「dhīh」(讀音如「諦」，是智慧之佛文殊室利的種子咒字)。

由於種子字以及月輪之光芒清除了心中陰暗的緣故，行者依下列順序，思惟諦觀（vi-bhāvayet，浮現於一己之內）四重梵住。

何者爲慈（maitrī）？愛眾生之感覺如同愛一己之子。

何者爲悲（karuṇā）？意欲拔眾生出離三苦之世海。

何者爲喜（muditā）？若人深植善根（kuśhala）因而成就喜樂、安逸、自在力（aiśhvarya），〔行者見之〕自心亦感快慰。

何者爲捨（upekṣhā）？自性傾向於(1)以卑微懇求之態化解異己；(2)仁愛利益眾生。

若能思惟諦觀（bhāvanā）此四重梵住，〔下一步禪定爲〕……

由此可見，這四重修習不僅能深深改變行者的心態，更是大乘佛教徒修習禪定的重要法門之一。

由前面引述威亞薩、瓦洽斯帕提、智比丘等大德的釋論可見，如果不先修練清明愉悅心，也就是說如果沒有先純化心地、淨化情緒，瑜伽修行就不可能有成就。

爲何當今的瑜伽老師不大力宣揚這個道理，不好好地把它教給世上成千上萬的瑜伽學生和修行者？這實在是個讓人感到困惑、也是亟需更正的現象。

譯註：

❶亦有音譯為「阿斯檀迦瑜伽」。

❷或稱之為「四無量心」。

國家圖書館出版品預行編目(CIP)資料

瑜伽經白話講解．三摩地篇／斯瓦米韋達．帕若堤（Swami Veda Bharati）作；石宏譯. -- 二版. -- 新北市：橡實文化出版：大雁出版基地發行，2024.04
面；　公分
ISBN 978-626-7441-24-4（平裝）

1.CST：瑜伽

137.84　　113004213

觀自在BA1036R

瑜伽經白話講解．三摩地篇

附瑜伽大師斯瓦米韋達梵文原音逐字誦讀線上聽

作　　者　斯瓦米韋達．帕若堤（Swami Veda Bharati）
譯　　者　石宏
責任編輯　于芝峰
特約主編　莊雪珠
內頁構成　歐陽碧智
封面設計　陳瑀聲

發 行 人　蘇拾平
總 編 輯　于芝峰
副總編輯　田哲榮
業務發行　王綬晨、邱紹溢、劉文雅
行銷企劃　陳詩婷
出　　版　橡實文化 ACORN Publishing
231030新北市新店區北新路三段207-3號5樓
電話：（02）8913-1005　傳眞：（02）8913-1056
網址：www.acornbooks.com.tw
E-mail信箱：acorn@andbooks.com.tw
發　　行　大雁出版基地
231030新北市新店區北新路三段207-3號5樓
電話：（02）8913-1005　傳眞：（02）8913-1056
讀者服務信箱：andbooks@andbooks.com.tw
劃撥帳號：19983379　戶名：大雁文化事業股份有限公司

印　　刷　中原造像股份有限公司
二版一刷　2024年04月
定　　價　480元
I S B N　978-626-7441-24-4